立つ教育委員会

教育の本質と公安委員会との比較から教育委員会を考える

高橋寛人

目次

CPCリブレ　No.2

はじめに

教育委員会が揺れています。

教育委員会とは何でしょうか。教育委員はだれがどのようにして決めているのでしょうか。教育委員長のほかに教育長という言葉も耳にしますが、どこが違うのでしょうか。本書では、まず、教育委員会と、教育委員会の実務の責任者である教育長について説明します。

教育委員会は、行政委員会のひとつです。行政委員会には、ほかに、労働委員会・選挙管理委員会・収用委員会・公安委員会・公正取引委員会などがあります。都道府県警察を管理する機関として公安委員会があります。本書は、行政委員会の中でも、教育委員会と類似点の多い公安委員会とを比較する中で、教育委員会の意義とあり方を考えていきます。

教育委員会は戦後誕生しました。当時、教育委員は選挙で選ばれました。一九四八、五〇、五二年に、教育委員選挙が全国の都道府県・市町村で実際に行われました。しかし、一九五六年、教育行政制度を大きく改める法律改正が行われ、教育委員は住民の選挙ではなく、首長（知事・市町村長）が議会の同意を得て任命する制度に改められました。公安委員会も戦後生まれましたが、当初から公選制ではなく任命制です。任命制であっても、警察の政治的中立性・独立性を確保するための役割を負っているのです。

そもそも、なぜ教育委員会は必要なのでしょうか。

教育は政治に左右されてはなりません。子どもには正しいこと、つまり真理を教えなければなりません。真理は多数決で決められません。学校教育が政治の論理でゆがめられるならば、子どもたちは正しい知識や、多面的なものの考え方、合理的な判断力を身につけることができません。教育の中立性は、近代公教育制度の基本原則です。教育の中立性を確保するために、戦後の日本では教育委員会制度をとっています。教育委員会があるからといって、教育の中立性が完全に守られているわけではありません。しかし、現在の教育委員会廃止論は、教育の中立性を破壊するものです。教育委員会制度の問題は、教育委員会の廃止ではなく、教育委員会制度をどのように改善するかという観点から考えなくてはなりません。

本書は、まず、教育委員会の必要性を、教育の本質と教育行政とのかかわりから検討します。そして、教育が政治に支配されないために、教育行政が政治から独立して行われるために、教育委員会はいかにあるべきか、公安委員会と比較しながら検討します。

第一章　教育委員会に対する批判と不満

教育委員会批判

現在の教育委員会制度の動揺は、二〇〇八年二月に大阪府知事に就任した橋下徹知事の教育委員会批判から始まりました。

橋下徹氏は、大阪府知事時代、教育委員会が民意を反映していないという理由で、教育委員会は不要であると主張しました。しかし、教育委員会の廃止は現行法律上不可能です。そこで、首長が教育目標を設定して教育委員会を知事の支配下に置くという「教育基本条例案」を作成し二〇一一年一一月の大阪府知事・市長のダブル選挙で、橋下氏らは「教育基本条例」制定を公約に掲げて当選しました。

一二月上旬、大阪府教育委員会は「教育基本条例案」を国の法令に違反しないよう修正に着手します。その結果、「教育行政基本条例案」と「府立学校条例案」に改めるとともに、教員の人事評価や分限懲戒処分を「職員基本条例案」で規定することとしました。「職員基本条例案」は教員を含む公務員の分限・懲戒処分を容易に行えるようにするものです。これらの条例案は、二〇一二年三月に大阪府議会で大阪維新の会のほか公明、自民の府議団の賛成により成立しました。大阪市でも同様の条例が制定されました。

この間、滋賀県大津市で自殺した男子中学生の遺族が、自殺がいじめによるものであるとして、二〇一二年二月、いじめた同級生と大津市を相手に損害賠償請求の裁判を起こしました。この裁判をめぐる報道の中で、市教育委員会の実態把握が不十分で、学校への指導も不適切だったことが明るみに出ました。大津市長は再調査を行うために、新たに調査委員会を設置しました。

この年の一二月、大阪市立桜宮高校バスケットボール部に所属する体育系学科生徒が自殺しました。市教育委員会による調査で、この生徒が部の顧問教諭から繰り返し体罰を受けていたこと、バスケットボール部で体罰が日常的に行われていたことが明らかになりました。さらに、自殺の前年の秋に体罰を指摘する通報が市に寄せられていたこと、しかし、この時、市教育委員会は十分な調査をせず、体罰を見過ごしていたことが明るみに出ました。市教育委員会が体罰を放置したことに、世間の批判が高まりました。橋下徹市長は、大阪市教育委員会に対し、「入試を中止しなければ、教育委員会の予算を執行しない」と発言し、同校体育系学科の入試を中止することを強く要求しました。

いじめや体罰に関する報道が加熱する中で、教育委員会に対する批判的な論調が強まりました。学校を指導・管理する立場の教育委員会が形骸化していると非難されました。問題の解決のために市長が介入することが、肯定的にとらえられるケースが少なくありませんでした。

たしかに、教育委員会に問題がないわけではありません。しかし、教育委員会をなくして、教育行政を首長の権限と責任で行うようになれば、別のもっと深刻な問題が起こり、学校教育は破壊されてしまいます。

自民党の対応

二〇一二年一二月の総選挙に際して、自民党は「首長が議会の同意を得て任命する『常勤』の『教育長』を教育委員会の責任者とするなど、教育委員会制度を抜本的に改革します」と公約にうたいました。翌年一月、第二次安倍内閣は閣議決定により、教育再生実行会議を設置しました。この会議は、四月に「教育委員会制度等の在り方について」を提言しました。これは、教育委員会制度を、次のように大幅に改編する内容でした。（1）首長が任命する教育長を地方公共団体の教育行政の責任者とすること、（2）教育委員会は、地域の教育の基本方針等を審議して教育長に示すとともに、教育長による事務執行状況をチェックすること、（3）政治的中立性確保のため、教育長が教育の基本方針や教育内容に関する事項を決定する際には、教育委員会で審議するなどの措置を講ずること、（4）コミュニティ・スクール等の設置に努めることなどを提言しました。

下村博文文科大臣は二〇一三年四月、中教審に「今後の地方教育行政の在り方について」を諮問し、教育再生実行会議の提言をふまえて、教育委員会制度のあり方や教育行政における国・都道府県・市町村の役割分担などについて、同年末までに答申をまとめるよう求めました。文科大臣は、それをもとに二〇一四年の通常国会に関連の改正法案を提出する予定であると表明しました。

これに対し、二〇一三年六月、全国都道府県教育委員長協議会と全国都道府県教育長協議会は合同で、「今後の地方教育行政の在り方に対する意見について」を、文部科学大臣に提出しました。中教審での審議に際して、教育委員会関係者の意見を尊重すること、教育委員会制度がこれまで果たしてきた重要な役割・機能を損なわないことなどを要望しました。教育委員会が果たしてきた役割とは「教育の政治的中立性と継続性・安定性の確保、多様な意見の教育行政への反映」です。

中教審教育制度分科会の審議経過報告

前述のように、中央教育審議会は二〇一三年四月に文科大臣から諮問を受けて、教育制度分科会で教育行政に関する審議を行ってきました。一〇月一一日、それまでの審議内容を整理して審議経過報告にまとめました。ここでは、教育委員会制度の改革案としてＡ案とＢ案の二案が示されています。現行制度では、教育委員のうちの一人が教育長を兼務しますが、どちらの案も教育長を教育委員とは別に、首長が議会の同意を得て任命することとしています。

Ａ案は、教育長を首長の補助機関、教育委員会を首長の附属機関とするものです。これまで教育委員会がもっていた権限と責任は首長に移ります。教育委員会は、首長または教育長から諮問を受けて答申したり、首長・教育長に建議や勧告を行う機関となります。つまり、教育に関する意見を述べる役割だけとなってしまいます（図１）。

そして、教育長は首長から委任されて、教育に関する事務を執行します。これまで教育委員の合議で決めてきたことが、教育長ひとりの判断で進められることになります。また、首長は教育長に対して日常的な指示は行わないものの、教育長は首長の補助機関となり、首長の指揮監督下におかれることになります。したがって、首長の教育行政への影響力が強大化して、教育行政の中立性はほとんど失われます。首長がかわったり教育長が交代するたびに、教育行政が大きく変更される危険性があります。

もうひとつのＢ案は、教育委員会の役割を限定するものです。現行では、教育委員会は教育委員会の権限に属するすべての事項を管理執行します。しかし、この案によれば、教育委員会は、教育振興基本計画の策定や、教育内容・教員人事などの基本方針、教科書の採択、教育委員会規

図１　中央教育審議会「審議経過報告」Ａ案

教育長＝首長の補助機関、教育委員会＝首長の附属機関

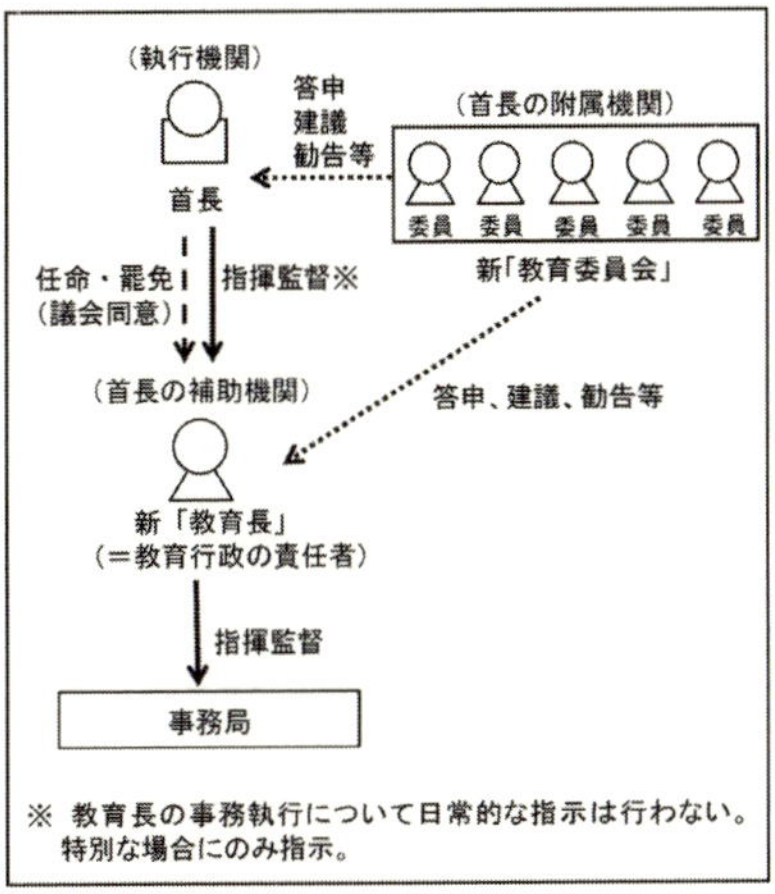

図２　中央教育審議会「審議経過報告」Ｂ案

教育長＝教育委員会の補助機関、教育委員会＝性格を改めた執行機関

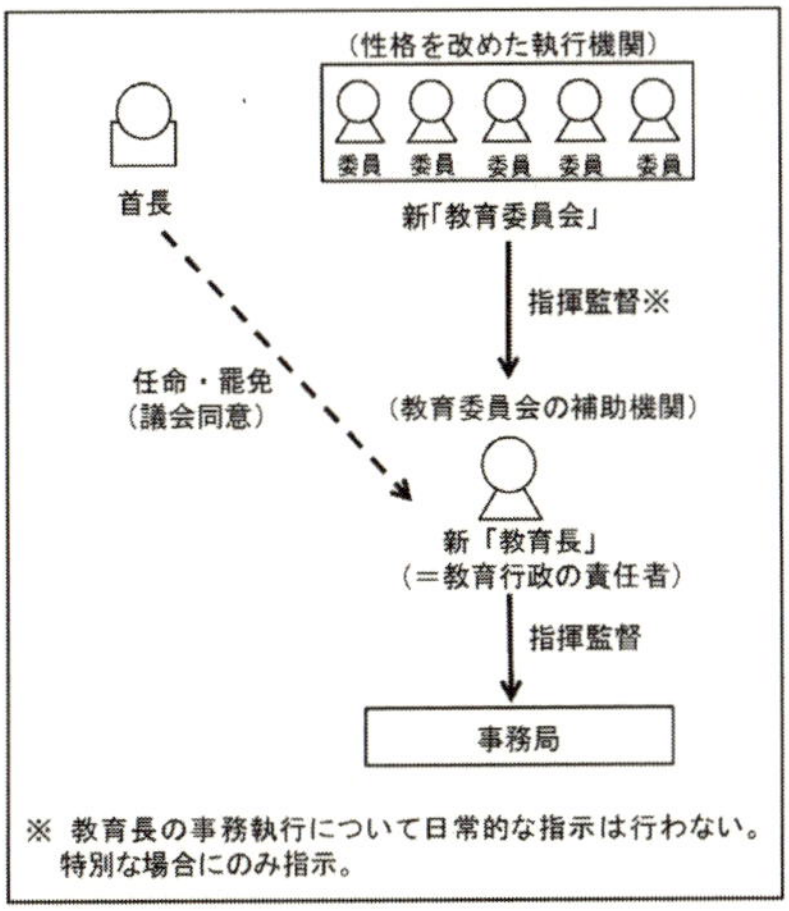

則の制定改廃など限られた重要事項だけを審議決定することになります（図2）。

これらの重要事項以外については、教育委員会が定めた基本方針にもとづいて、教育長が教育行政の事務を執行していきます。教育委員会は教育長に対して指示する権限を持ってはいますが、特別に問題がある場合などに限定されます。

以上のように、A案・B案ともに、教育委員会をただ単に廃止するという乱暴なものではありません。しかし、どちらの案でも教育行政に対する首長の影響力が強化されます。とくにA案は、行政委員会としての教育委員会を廃止するもので、教育行政の中立性、専門性、継続性、安定性が大きく損なれてしまいます。

民主党の教育行政改革案

なお、民主党は、従来から教育委員会制度の廃止を唱えています。二〇〇七年に、教育委員会を廃止する法案を国会に提出したことがあります。民主党の教育行政改革案は、教育委員会制度を廃止し、かわりに各学校に学校理事会、各地方自治体に教育監査委員会を置くというものです。学校理事会は、（1）保護者、（2）地域住民、（3）校長、（4）教員、（5）教育に関する専門的な知識経験をもつ者、（6）その他によって構成されます。校長は、学校運営の基本方針、教育課程、教員人事などについて、学校理事会の承認を得て学校運営を行うこととなります。教育監査委員は、「人格が高潔で、教育に関し識見を有するもの」のうちから、地方公共団体の議会が選出する五人以上の委員によって構成されます。教育監査委員会の主な役割は、教育の実施状況に関して評価・監視を行い、首長に対して必要な勧告をすることです。

確かに、学校理事会の設置によって、保護者住民の学校参加が進むことが期待されます。しかし、教育委員会を廃止すると教育の中立性・専門性が損なわれることは間違いありません。学校理事会の設置は、教育委員会制度を廃止しなくてもできることです。教育委員会制度の下で、学校理事会を増やせばよいのです。

行政学者の教育委員会不要論

橋下氏が大阪で教育委員会を攻撃する以前から、一部の行政学者の間で、教育委員会制度の不要論・廃止論が出てきました。その根拠としてあげられるのは、第一に、文部科学省—都道府県教育委員会—市町村教育委員会という縦の系列による中央集権的運営が、地方自治体の主体的・総合的な行政の妨げになっているという主張です。第二に、教育委員会が、首長から一定程度独立した合議制の機関であるために、迅速な対応や改革がしにくいことです。第三に、公立と私立、社会教育・生涯学習と学校教育など、教育施策の一体的推進のために教育行政の総合化が必要だというのです。

行政学者の多くは、教育行政に限らず、行政全般について地方分権化を主張します。そして、地方に多くの権限を与えて、地方行政を総合的な見地から能率的に行うべきだと主張します。地方分権を推進する上で、教育委員会が邪魔だというのです[1]。しかし、地方分権化がいかに進んでも、後で説明するように、地方における教育行政の独立は必要不可欠です。

また、行政学者の中には、教育委員会を維持するか廃止するかを地方自治体ごとに自由に決めればよいという主張をする人もいます。いわゆる教育委員会必置規制廃止論です。しかし、そうなりますと、首長や議会の事情によって教育行政制度そのものが流動化し、地域の教育がきわめて不安定になってしまい、大混乱を招きます。

地方分権礼賛は、行政学者にとどまりません。中央集権を批判し、地方分権化を進めることが好ましいという主張が、政界、財界、マスコミでも主流となっています。しかし、教育とくに学校教育が、都道府県や市町村でばらばらになってよいのでしょうか。教育に関する人々の議論が、国、都道府県、市町村のどの段階で行われるべきかを考えるなら、基本的に国レベルで行うことが妥当でしょう。ナショナルミニマムの保障という観点からも、学校制度の基本事項は、自治体ごとではなく国家レベルで責任を持って実施すべきです。教育への権利は、地域に関係なく均等に保障されなければならないからです。

経済成長期の右肩上がりの時代には、地方分権は国の全体的な水準向上の点で有効でしたが、今は逆です。高度成長時代は、地方が率先して国の基準を上回る施策を行うと、他の自治体も追随して国全体としての水準も向上しました。ところが、右肩下がりの時代には、逆に水準の低下を招く危険性の方が大きいのです。

過度の中央集権は問題ですが、自治体の裁量に任せれば任せるほど教育がよくなるわけではありません。教育を受ける権利を平等に保障するために国レベルでこそ果たしうる役割は少なくありません。国の教育政策の問題は、中央集権ではなく、むしろ文部科学省のあり方すなわち政府の教育行政組織に起因する場合が多いのです。後で述べるように、国のレベルで教育委員会がつくられていないことに問題があります。

また、行政の対象分野が特殊性をもつのは教育に限りません。福祉、医療をはじめ、公衆衛生、港湾行政、交通行政など、それぞれ特殊性を持っています。けれども、一部の例外を除けば、教育委員会制度のような特別な制度をとっているわけではありません。そのことを理由として、教育委員会は廃止すべきだという主張に出くわすことがあります。しかし、各々の行政分野に応じて、その特性を反映した行政システムが必要で、実際に様々なものが存在しています。例えば、農業委員会等に関する法律は、市町村に農業委員会、都道府県に農業会議を置くと定めています。地域保健法施行令には、保健所長は医者でなければならないという条項があります。児童福祉法は、児童相談所の所長について、精神保健に関する学識経験を有する医師、社会福祉士、児童福祉に関する二年以上の職務経験を持つ者等々の資格要件を設けています。

行政学者の唱える教育委員会制度廃止論の根拠は、「民意」の反映と地方分権化です。しかし、考慮すべき事項はこれだけではありません。教育行政組織は、民主主義を基盤としつつ、教育の専門性が発揮され、教育行政の中立性、安定性、継続性が確保される仕組みでなければならないのです。

教員の教育委員会批判

教育委員会に対する批判・不満の声は、学校教員の間からも聞こえてきます。元中学校教員で教育評論家の尾木直樹氏が二〇〇八年に行った調査(2)では、教育委員会に「あまり満足していない」が四五・五%、「全く満足していない」が二四・八%で、あわせて七〇・三%の教師が「満足していない」という結果が出ています。「満足していない」と回答した教員に、その理由を複数回答でたずねた答えは以下のようでした。

・現場の願いや実態を理解していない……………七七・〇%
・現場に調査や報告を要求しすぎ…………………六三・八%
・指示・命令的文書や態度が目立つ………………五四・八%
・現場の声をあまり聞かない………………………五三・二%
・押しつけ的研修・会議が多い……………………三八・四%

教師にとって、教育委員会は、教育現場の声を聞いたり、願いを理解しようとせず、指示や押しつけをしてくるという印象です。

教師の教育委員会に対する不満の背景には、かつて学校や教師を守っていた教育委員会が、マスコミや親からの学校批判を恐れるあまり、子どものためというよりも、批判を避けることを目的に管理をするようになってきたという指摘があります。

教育委員会は、行政上の指揮監督ではなく、教育の専門性に基づいて学校や教師に援助・助言・指導を行うことが求められます。しかし、近年の教育委員会批判の中で、首長や議員が教育委員会の領域に介入して、教育の論理ではなく政治の論理で教育委員会を動かしているという状況もあります。政治主導による上からの教育改革が進められる中で、教育委員会事務局が、校長や指導主事を通じて教育の論理にそぐわない施策を教育現場に強制することが多くなってきたとも言われています。

また、教育委員が本来のあり方から逸脱して政治化しているケースも見受けられます。教科書採択や日の丸掲揚・君が代斉唱の問題などに見られるように、教育委員みずからが積極的に教育行政を政治的に動かそうとするケースが増えてきました。

しかし、だからといって、教育委員会を廃止して、首長の下に学校が置かれるようになると、教育の中立性、安定性、専門性が一気に損なわれてしまいます。首長ひとりの判断で教育のあり方が左右されたり、議会が直接教育にかかわるようになります。学校教育や社会教育が政治に左右され、政治の論理が横行することになります。現在の教育委員会には問題がありますが、政治ではなく教育の論理にもとづいて教育活動が行われるためには、教育委員会制度は必要不可欠なのです。

第二章　教育委員会の意義と特長

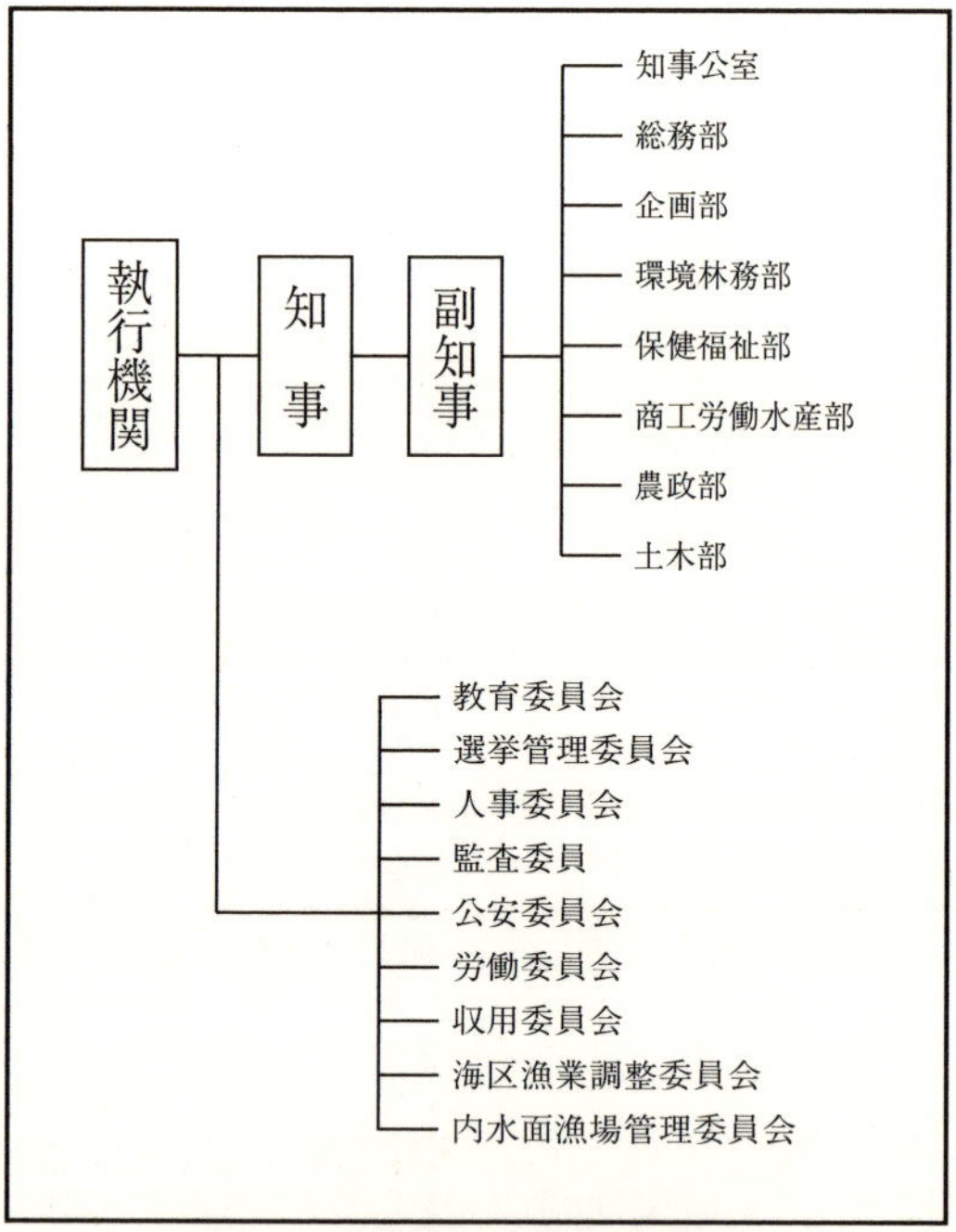

図３　鹿児島県行政組織図の例

教育委員会とは？

そもそも教育委員会とは何でしょうか。

教育委員会は都道府県と市町村に置かれます。都道府県教育委員会は都道府県立の学校や図書館、博物館などの社会教育施設の設置、管理・運営を担当します。市町村の教育委員会は、市町村立の学校や公民館などの教育施設の管理運営を行います。

都道府県や市町村の役所の組織図を見ると、首長（知事、市町村長）の下に、福祉部、商工部、労働部、農政部などがあり、これらの部の下に課がおかれています。しかしこの中に公立学校の教育を担当する部や課はありません。かわりに教育委員会が置かれているのです。

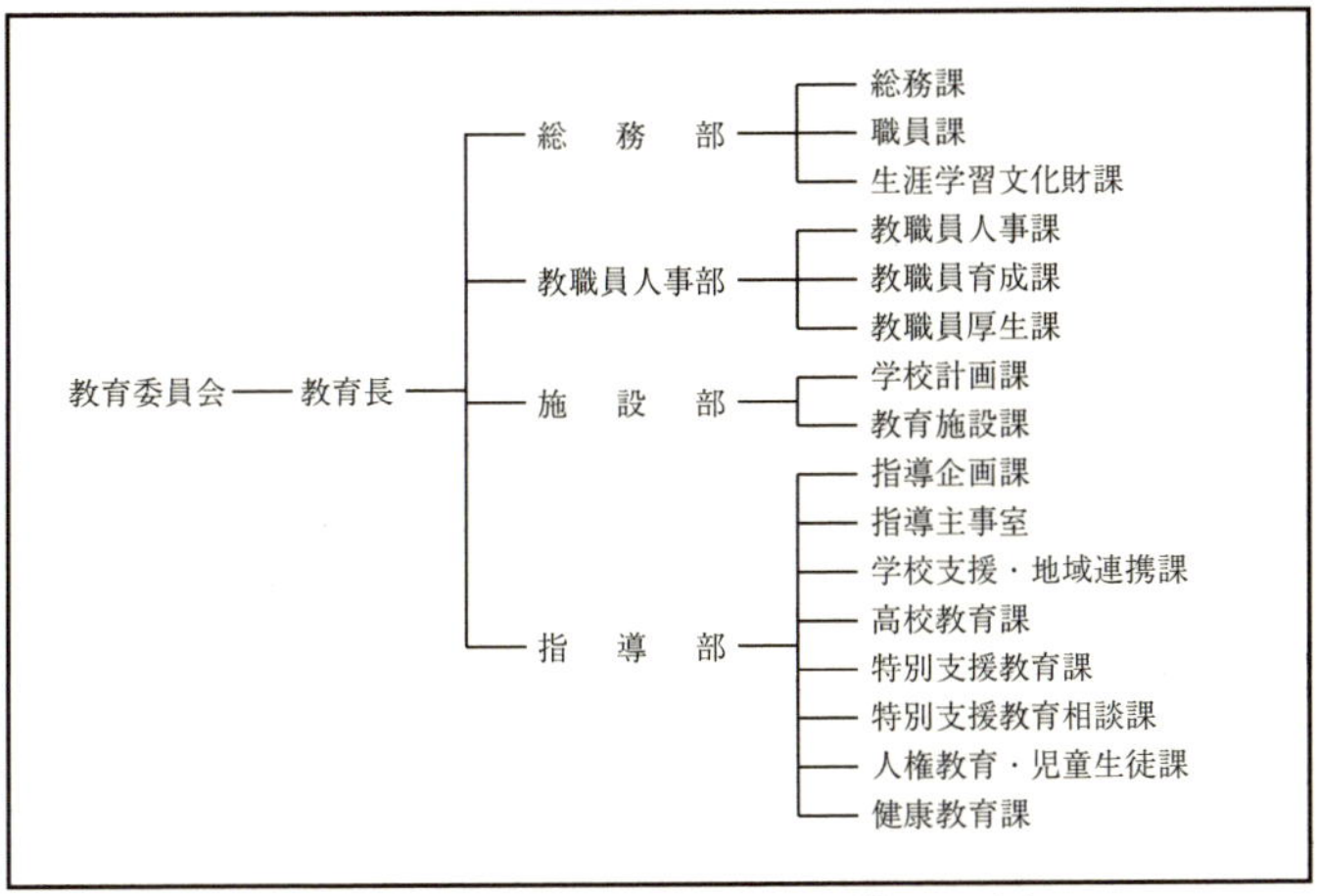

図４　横浜市教育委員会組織図の例

「教育委員会」は二つの意味で使われます。ひとつは狭義の教育委員会で、教育委員が集まって行う会議を意味します。原則として五人の委員で構成されますが、都道府県・市の場合は六人以上、町村の場合は三人または四人とすることもできます。教育委員は、都道府県の場合は知事が、市町村の場合は市町村長が、議会の同意を得て任命します。

委員の任期は四年ですが、委員の任命の時期をずらしていますので、毎年一または二名ずつ任期が終了します。そこで、選挙で知事や市町村長がかわっても、新しい知事・市町村長が一度に委員を全員交代させることはできず、毎年一または二名の委員を任命することになります。

教育委員はそれにふさわしい人でなければなりません。「地方教育行政の組織及び運営に関する法律」（地教行法）は、「人格が高潔で、教育、学術及び文化に関し識見を有するもの」と定めています（四条一項）。知事・市町村長は、そのような人物を候補者として議会に提案し、議会の同意を得なければ教育委員に任命できません。

教育委員は非常勤で、それぞれ職業をもっている人々が、一か月に一、二回程度集まって、教育委員会の会議を開きます（図5）。

「教育委員会」という場合、教育委員会の下に置かれる事務局も含めて全体を呼ぶことがあります。教育委員会事務局には、指導課、学務課、生涯学習課、体育・スポーツ課などがあります。

教育委員会の権限は幅広く、公立の教育機関の管理、公立学校教職員の人事、学校の組織編制、教育課程、学習指導、教科書などを扱います。地教行法が教育行政の組織と運営の基本を定めています。

地教行法第二三条は教育委員会の職務権限を規定しています。第一号で、「第三十条に規定する学校その他の教育機関」とは、その地方公共団体が設置する「学校、図書館、博物館、公民館その他の教育機関」を意味します。つまり、都道府県教育委員会ならば都道府県立の高校などの学校・図書館・博物館・公民館など、市町村教育委員会ならば市町村立の小中学校や図書館などの教育機関です。

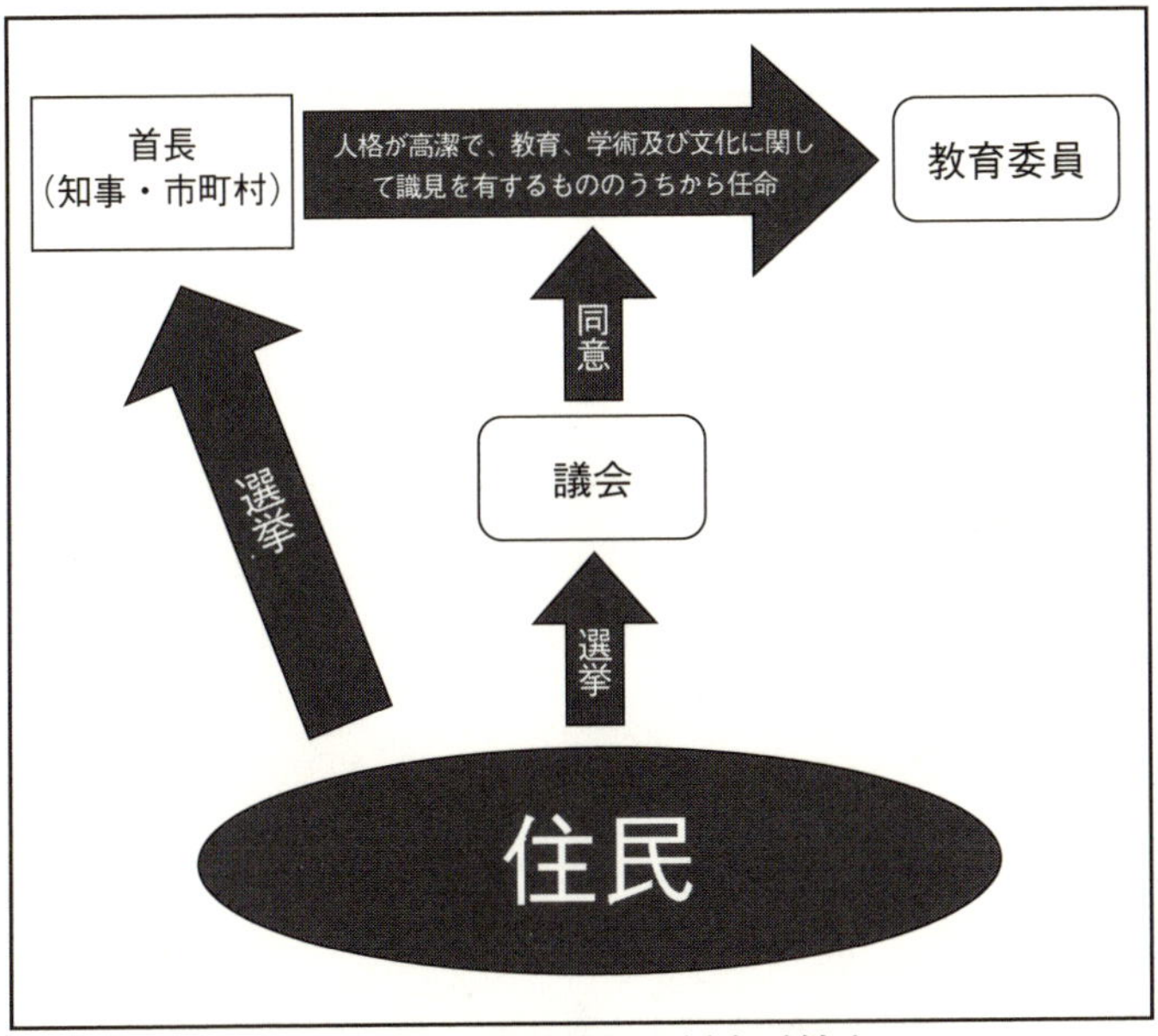

図５　教育委員の任命手続き

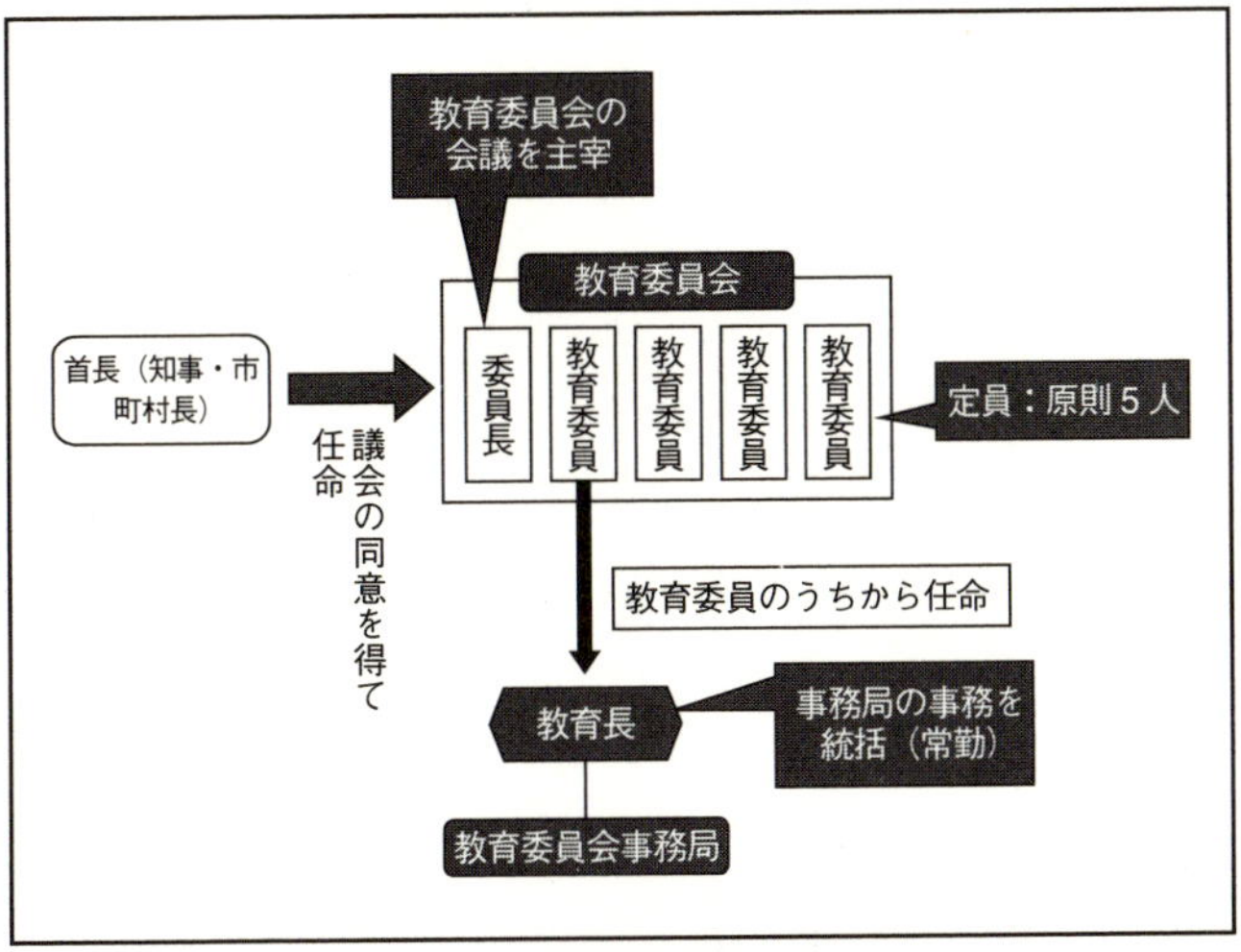

図６　教育長の任命手続き

（教育委員会の職務権限）

第二三条　教育委員会は、当該地方公共団体が処理する教育に関する事務で、次に掲げるものを管理し、及び執行する。

一　教育委員会の所管に属する第三十条に規定する学校その他の教育機関（以下「学校その他の教育機関」という。）の設置、管理及び廃止に関すること。

二　学校その他の教育機関の用に供する財産（以下「教育財産」という。）の管理に関すること。

三　教育委員会及び学校その他の教育機関の職員の任免その他の人事に関すること。

四　学齢生徒及び学齢児童の就学並びに生徒、児童及び幼児の入学、転学及び退学に関すること。

五　学校の組織編制、教育課程、学習指導、生徒指導及び職業指導に関すること。

六　教科書その他の教材の取り扱いに関すること。

七　校舎その他の施設及び教具その他の設備の整備に関すること。

八　校長、教員その他の教育関係職員の研修に関すること。

九　校長、教員その他の教育関係職員並びに生徒、児童及び幼児の保健、安全、厚生及び福利に関すること。
十　学校その他の教育機関の環境衛生に関すること。
十一　学校給食に関すること。
十二　青少年教育、女性教育及び公民館の事業その他社会教育に関すること。
十三　スポーツに関すること。
十四　文化財の保護に関すること。
十五　ユネスコ活動に関すること。
十六　教育に関する法人に関すること。
十七　教育に係る調査及び基幹統計その他の統計に関すること。
十八　所掌事務に係る広報及び所掌事務に係る教育行政に関する相談に関すること。
十九　前各号に掲げるもののほか、当該地方公共団体の区域内における教育に関する事務に関すること。

このように、教育委員会は、その自治体が行う教育について、広範な権限と責任を負っています。とはいえ、教育委員会が教育に関するすべての事項を扱うわけではありません。私立の幼稚園、小中高等学校、専修学校や各種学校などは、教育委員会ではなく都道府県知事の担当です。また、公立大学も教育委員会ではなく首長の所管となっています。これはもともと、私立学校の自主性や大学の自治を尊重するという考え方によります。つまり、私立学校や大学に対して行政はあまり口出ししないことを理由に、教育委員会の対象から外されたのです。担当の行政部局をどこかに決めないと困るので、一応首長としたのです。

ほかに、公立の学校や図書館・博物館などに関するものであっても、教育財産の取得・処分、教育予算については地方公共団体の長の権限になっています。

知事・市町村長の教育に関する権限を、地教行法第二四条は次のように定めています。これらの事項は、教育委員会は扱いません。

（長の職務権限）

第二四条　地方公共団体の長は、次の各号に掲げる教育に関する事務を管理し、及び執行する。

一　大学に関すること。

二　私立学校に関すること。

三　教育財産を取得し、及び処分すること。

四　教育委員会の所掌に係る事項に関する契約を結ぶこと。

五　前号に掲げるもののほか、教育委員会の所掌に係る事項に関する予算を執行すること。

県によっては、私立学校に関する事務の処理を、教育委員会に委任している場合があります。逆にスポーツや文化については、原則として教育委員会の権限ですが、首長に委ねることが可能です。

教育長とは？

教育委員のうち一名が教育委員会の委員長となります。委員長の役割は、「教育委員会の会議を主宰し、教育委員会を代表する」ことです（地教行法第一二条）。委員長とは別に教育長という職があります。教育委員のうち、一名が委員長となり、他の一名が教育長になります。教育委員は非常勤ですが、教育長は常勤です。非常勤の教育委員の中のひとりが常勤の教育長の職を兼ねるのです。（図6・二三頁）

教育長の役割は、教育委員会の権限に属するすべての事務をつかさどり、教育委員会事務局の長として事務を統括し、所属職員を指揮監督することです。教育長は、教育委員の中から教育委員会が任命します。ただし、教育長は常勤ですし、このような実務的な仕事は教育委員のだれもができるわけではありません。そこで、実際には、教育長を兼務するのにふさわしい人物を、教育長兼務予定の教育委員として任命します。つまり、法律上は、教育委員会が教育長を任命すると定めていますが、実際には、多くの場合首長が選んでいるのです。

教育長の職務がいかに重要か、地教行法の規定を確認しましょう。教育長は、教育委員のひとりです。にもかかわらず、教育委員会の指揮監督を受けますが、同時に教育委員会の会議で議事について助言します。

（教育長の職務）

第一七条　教育長は、教育委員会の指揮監督の下に、教育委員会の権限に属するすべての事務をつかさどる。

2　教育長は、教育委員会のすべての会議に出席し、議事について助言する。

教育長は、教育委員会の権限に属するすべての事務を処理します。その事務を処理するために、教育委員会に事務局を置きます。教育長は、事務局の職員の上司として、事務局の事務を統括し、職員を指揮監督します。

（事務局）

第一八条　教育委員会の権限に属する事務を処理させるため、教育委員会に事務局を置く。

（教育長の事務局の統括等）

第二〇条　教育長は、第一七条に規定するもののほか、事務局の事務を統括し、所属の職員を指揮監督する。

このような職務を遂行するには専門的な力量が必要です。そこで、戦後当初、教育行政について専門的な知識・経験を有する者のみが教育長の職に携わることを確保するために、一九四九年制定の教育職員免許法に、教育長免許制度が新設されました。教員免許状よりさらに多くの教職科目を大学で学んだ上で、一定の教職経験を経た場合に与えられるものでした。一九五四年に教育長免許制度は任用資格制度に改められ、一九五六年の地教行法制定により資格制度もなくなりました。

どのような人が教育長になっているのでしょうか。文部科学省『平成二三年度教育行政調査』から見てみましょう。校長経験者または教育委員会事務局の管理職経験者、あるいは行政職員で役所の局長・部長経験者が就任するケースが一般的です。都道府県教育委員会の場合、教職経験を有する教育長は三四・〇%、教育行政の経験を有する教育長は七六・六%です。市町村教育委員会の場合は、都道府県よりも教職経験を持つ教育長が多く六九・八%、教育行政経験を持つ教育長は七八・七%です。つまり、市町村教育長の場合は、学校現場から教育委員会事務局に異動し、数年間勤務して校長を務めた人が教育長になるケースが多いのです。年齢を見ると、六〇歳以上が都道府県では五九・六%、市町村は八二・九%で、平均年齢は都道府県が六〇・五歳、市町村は六三・四歳となっています。

現行教育委員会制度の長所

現在の教育委員会制度は、民主性、中立性、安定性、継続性の点で長所を有しています。

すでに何度も述べましたように、教育委員は、都道府県・市町村長が議会の同意を得て任命します。橋下氏は、教育委員会は民意を反映していないと言いますが、このように執行機関と議決機関の両方の承認を得て任命されるというのは、二重に民主的です。しかも、既述のように、「人格が高潔で、教育、学術及び文化に関し識見を有するもの」の中から任命しなければならないと定められています（地教行法第四条一項）。したがって、首長、議会がともにそのような人物であると認める人が教育委員に任命されるという構造になっています。

さらに地教行法では、委員の半数以上が同一政党に所属すること、委員が政党その他の政治団体の役員になること、積極的に政治運動を行うことを禁止して、教育が政治対立に巻き込まれないようにしています。また、教育委員会は、一人ではなく複数の委員による合議制の機関となっています。教育をよく知らない一人の人物の思いつきや政治的パフォーマンスで学校教育が揺らぐことがないようにしているのです。

首長選挙のたびに、当選者の考えで方針が大きく変わって教育行政が断絶したり、めまぐるしく転換することは避けなければなりません。地教行法では、前述のように、教育委員の任期を一年ずつずらしています。知事や市長が教育委員全員を一度にかえることはできません。これは、教育行政の継続性・安定性の上で非常に有効です。

なお、教育委員会が住民や保護者から遊離しているとの批判がしばしば行われます。これに関して、保護者・地域住民の意見を学校ごとに反映させていくという方法があります。これまでも教育委員会制度の下で、ＰＴＡ、学校評議員制度、学校運営協議会制度等、保護者・地域住民の学校参画の試みが行われてきました。学校理事会を設置しようという構想もあります。これらは教育委員会制度と矛盾しません。教育委員会制度の下で、学校運営協議会や学校理事会を普及していくのは大いに望ましいことです(3)。

教育はなぜ政治から分離されなければならないか

では、なぜ教育行政は他の行政とは異なって、「教育局」「教育部」などではなく、教育委員会という特別の組織によって行われているのでしょうか。

政治家が教育に関する権限を直接持つと、どうしても自分の政治的考え方にそくした教育をしたくなるのは、古今東西世の常です。知事や市町村長の政治的立場によって、学校教育が左右されてはなりません。そこで、民主主義を前提としながらも、民意や多数決がそのまま教育に反映しないような制度を設けることが必要となるのです。

そもそも、民主主義だからといってすべてを民意で決めるというわけではありません。今日、民主主義という場合、通常、自由主義と結合した民主主義、すなわち自由民主主義を意味します。自由主義とは、民意で決めてはいけない事項が厳然として存在するという考え方です。近代国家においては、思想・良心の自由、信教の自由、集会・結社の自由、表現の自由、婚姻の自由などが自由権として保障されています。これらのことがらについては、多数決で決定してはならないのです。教育は個々の人間の価値観の形成に大きく関わるものですから、近代公教育制度は、民主主義を基盤としながらも、民意をそのまま反映させないシステムとなっているのです。

民主国家においては、政治は教育の基礎の上に立ってはじめて行うことができます。民主政治が正しく行われるためには、その基盤として、知性と徳性を備えた選挙民が必要です。そしてそれは、すべての国民に対する適切な教育によって実現されるのです。教育を政治に従属させることは、民主国家にとって自殺行為です。

教育に対する政府の取り組みは、世代をこえた長期的視点に立って進められなければなりません。目先のことにとらわれてはいけません。これに対して、政治の場合、本来長期的視点が必要ですけれども、すぐに対応しなければならない課題が少なくありません。政治家は何よりも次の選挙を気にかけるので、どうしても短期的な成果を求めて長期的な視点を忘れがちです。この点からも、政治的決定をいかに制約するかが、教育行政における基本的で重要な課題となるのです。近代公教育の原則として、教育の義務性、無償性とともに中立性が掲げられます。このことは、欧米でも日本においても、教育制度・行政に関する教科書に書かれている基本的事項です。

教育活動の特殊性と専門性

教育の特性について、さらに考察しましょう。教育は教育者による働きかけを通じて、被教育者の知性や徳性を向上させていく活動です。子どもは生育歴、興味関心、発達段階をはじめ様々な面で多様ですから、教師はそれをふまえて対応しなければなりません。同じ働きかけでも、子どもにとって望ましいかは、子どもによってその効果は大きく異なります。いかなる働きかけが子どもにとって望ましいかは、教師自身が、教育に関する専門的知識や経験あるいは人間性に基づいて判断する以外にありません。どのような対応が正しいかを、多数決で選ばれた政治家が決めることは不可能です。政治とは異なる次元の問題です。教育は言うまでもなく被教育者と教育者との人格的接触であり、教師の全人格に関わる活動です。

子どもの成長発達を促すという教育の目的を実現するためには、教師には自主性、自律性が大幅に委ねられなければなりません。このことは、ＩＬＯ・ユネスコ「教員の地位に関する勧告」でも承認されています。同勧告第六一項は、次のように、教員が学問の自由を教授すべきこと、教材や教科書の選択などの役割を与えられるべきであるとしています。

六一　教育職は専門職としての職務の遂行にあたって学問上の自由を享受すべきである。教員は生徒に最も適した教材および方法を判断するための格別の資格を認められたものであるから、承認された計画の枠内で、教育当局の援助を受けて教材の選択と採用、教科書の選択、教育方法の適用などについて不可欠な役割を与えられるべきである。

同勧告が、教員が専門職としての責任を果たすために、教員団体の意義と役割を重視していることも注目されます（七一～七三項、七五～七六項）。

地方公務員の人事権は首長が持ちます。一般の公務員に対する首長の人事権行使においても、政治と行政の分離という原則から理論的に一定の制約があります。[(4)] 教員の場合、制約理由はそれにとどまりません。教育の本質から、個々の子どもに応じてそれぞれの教員が自主的に判断することに委ねざるを得ません。教員の教育活動に対して、政治的に選出された人間の個人的な価値観で教員の教育活動が評価されたり、まして、その評価によって人事上の利益・不利益が与えられるならば、教育の破壊を招かざるをえません。

したがって、教員の人事権を一般の政治選挙で選ばれた政治家に委ねることはできません。教育に関する高い識見や経験を持つ人物が、人事を行わなければなりません。現行の教育委員会制度に問題がないわけではありませんが、首長の下で教育に関する知識や経験がない者が人事権を行使するのは不適切です。専門的活動の評価は、専門的な知見がない人にはできないからです(5)。

首長の教育行政介入の弊害

教育委員会ではなく首長の所管とすることの危険性をよくあらわしているのが、公立大学に対する首長の介入の事例です。東京では、石原慎太郎知事が一九九九年一〇月に初当選して約半年後の二〇〇〇年一月に、都立の四大学・短大の民間への売却に言及しました。その後、「日本にない全く新しい大学」をつくるとして、大学の教職員、学生、卒業生の多くが反対したのにもかかわらず、知事の方針の下に四大学を統合して既存の学部を再編し、さらに大学名を「首都大学東京」にかえてしまいました。

横浜市立大学では、二〇〇二年三月末に横浜市長に初当選した中田宏氏が「市立大学の今後のあり方懇談会」を設置、懇談会はわずか四か月後に答申を出しました。そこでは、大胆な「改革」をしなければ廃校にすると述べて、市当局主導の改革をすることを強く求めました。二〇〇五年に公立大学法人とした際に、医学部以外の三学部一〇学科を一学部一学科に統合してしまったのです。

大阪府立大学の場合、二〇〇八年二月に府知事に就任した橋下徹氏が、翌年二月に「公立大学は大阪市に任せる、府立大は工学部が強く、いくらでも買い手がある、一〇〇億円の府費を投じることに疑問を持っている」と発言しました。九月に発表された大阪府戦略本部会議資料「府立大学のあり方」では、理学部・経済学部・人間社会学部について「税金を投入して展開を続けることには疑問がある」としました。結局従来の七学部が、二〇一二年度から現代システム科学、工学、生命環境科学、地域保健学の四学域に再編されてしまいました。

さらに、二〇一一年一一月の大阪府知事・市長のダブル選挙後、橋下氏は大阪市立大学と大阪府立大学の合併・統合を進めます。大阪府知事や大阪市長等をメンバーとする大阪府市統合本部は、二〇一二年九月に今後の工程を提示しました。工程は両大学を統合して、二〇一六年度に新しい大学を発足させることとしました。

公立大学が首長の所管となったのは、もともと、行政が大学に関与しないことを前提にして、公立大学を教育委員会の権限外としたためでした[6]。

現在、日本の公立四年制大学は約八〇校ありますが、戦前から大学であったものは、京都府立医科大学と大阪市立大学の前身の大阪商科大学の二校のみです。一九一八年の大学令改正により、公立大学が設立できるようになりました。しかし、道府県は設立可能でしたが、市立大学は認められませんでした。そこで、大阪市は、数年間にわたって大学令改正運動を展開し、ようやく一九二八年に大学令改正を果たして大阪市立の大阪商科大学を開校したのです。

このように、長年にわたる大学設置運動によって誕生し、八〇年以上の伝統を持つ大学でも、市長の独断で、存亡自体が決められてしまうのです。首長所管の場合は首長ひとりの判断で決定できてしまいますが、教育委員会の場合は複数の委員による合議制でものごとを決めます。教育委員会の管轄であれば、市長や知事の独断で学校の統廃合が決まるということはありません。

もしも、教育委員会を廃止して、首長に権限を移してしまったらどうなるでしょうか。学校の統廃合にとどまらず、教科書の採択、副教材の使用、教員の人事などが、首長ひとりの考えで左右されることになってしまいます。政治的な思惑が優先され、教育の専門性はないがしろにされてしまいます。

第三章　教育委員会と公安委員会の歴史

行政委員会とは?

都道府県や市町村の役所の機構を見ると、前述のように、建築行政、商工行政、福祉行政などに対応して、建築局、商工局、福祉局などが置かれています。しかし、教育の場合は、教育局ではなく、教育委員会が担当しています。行政組織の中で、このように、一般の行政機構から独立した別の組織、しかも複数の委員による合議体によって行政を執行するものを行政委員会と言います。教育委員会は行政委員会のひとつです。

行政委員会は、国と地方に置かれています。地方公共団体の行政委員会は、地方自治法第一八〇条の五に列記されています。全部で一一あります。

教育委員会、選挙管理委員会、人事委員会または公平委員会、監査委員、公安委員会、労働委員会、収用委員会、海区漁業調整委員会、内水面漁場管理委員会、農業委員会、固定資産評価審査委員会

行政委員会について、敗戦後、国と地方の行政組織の改革に深く関与し、後に最高裁判所裁判官も務めた東京大学法学部教授で行政法学者の田中二郎氏は、次のように説明しています。

「合議体が自ら行政の一部を担当するという意味において、諮問機関たる合議体と区別して、一般に、これを行政委員会と呼んでる。委員会の組織とか権限とかは、委員会ごとに、法令

の定めるところがまちまちであるが多かれ少なかれ、一般の行政機構から独立して、行政の管理又は執行の責任を負い、同時に、その所掌事務について、準立法的機能及び準司法的機能を併せ行うことを建前とするのが通例である。[7]」

行政委員会とは、「委員会」という名前がついていますが、知事や市町村長などから諮問を受け、審議をして結果を答申する、いわゆる審議会とは違います。一般の行政機構から独立して、行政の管理・執行をします。さらに、議会のように規則を決めたり、裁判所のように対立する当事者間の調停などの機能をもつ委員会もあります。ただし、ひとくちに行政委員会といっても、組織や権限は委員会によって様々です。

行政委員会の役割として、（1）政治的中立性の確保、（2）専門的・技術的行政の遂行、（3）個人の利益保護のため慎重な手続きによる事務の遂行、（4）相対立する利害調整のため利益代表の参加による行政執行などがあげられます。教育委員会は上記の（1）と（2）つまり「政治的中立性の確保」「専門的・技術的行政の遂行」にあてはまります。他の行政委員会でこの（1）と（2）の機能をもつのは、公安委員会、選挙管理委員会および監査委員です。しかし、このうち選挙管理委員会・監査委員は、政策立案の機能はあまりありません。また、監査委員の場合は厳密に言えば合議制ではありません。そこで以下では、教育委員会制度の意義とあり方を、公安委員会と比較しながら考えていきましょう。

占領下の改革

戦前の日本では民主主義ではなく君主制をとっていたので、国民の意思が行政に反映される政治システムとはなっていませんでした。府県知事は、選挙ではなく、内務省の局長・課長クラスの高級官僚が、人事異動の一環として府県に派遣されていました。教育も警察も、国家の役割として中央の指示に従って行われました。教育の場合は文部省が決めたことがらが、内務官僚の府県知事を通じて各地方で実施されました。警察の場合は、内務省警保局の方針にしたがって、やはり府県知事を通じて実行されました。戦前の政党政治の時期、政権政党が内務官僚の人事を左右して、政権に都合のよい内務官僚を知事に任命して、全国の警察を支配下におさめました。

戦後、GHQは、日本が将来再び軍国主義国家にならないために、日本の政治制度・社会システムを非軍事化するとともに民主化することが必要だと考えて、様々の改革を行いました。教育については、学校制度の改革、社会科の新設など学校制度や教育内容の改革のほかに、教育行政システムの改革として、教育委員会制度の導入を行いました。警察については、特別高等警察の解体、行政警察の他省庁への委譲、自治体警察の新設などの他に、公安委員会制度が新設されました。

教育委員会制度とは、アメリカで普及した制度です。アメリカでは、ヨーロッパから移住した人々がアメリカ大陸の地を開拓し、定住して農業を営みました。やがて、人々は結婚して子どもが生まれます。子どもたちが大きくなると、だれかが勉強を教えなければなりません。西部開拓時、地方にはアメリカ政府の力が及んでいません。そこで、自分たちの力で学校をつくらなければなりませんでした。村の農民のだれかが教師となって教えるか、あるいはよその村から、学識のある人を教師に呼んでもよいでしょう。だれが教師になり、どれだけの給料を払うか、どこにどのような学校をつくるか、タウン・ミーティングいわば町内会で決めることになります。やがて、子どもの数が増え、教職員の数も増えてきますと、細かいことをいちいち町内会で話し合うことはできなくなってきます。そこで町内会の中に教育部会をつくって、そこで決めようということになりました。さらに、子どもや学校の数が増えてくると、教育部会では町の学校教育の基本的な方針のみを決め、その方針にしたがって学校の運営を行ってくれる教育のプロを雇って、具体的な学校運営をその専門家に委ねることになりました。ここで言う教育部会が教育委員会であり、教育のプロとは教育長にあたります。

公安委員会も同様です。定住して農業・牧畜を行っていると、たまに「ならず者」や窃盗グループがやってきて、金品を盗んだり強奪します。銃の扱いがうまい人に、町内会費から給料を払って、保安官として雇います。町内会の防犯部会が公安委員会にあたります。

旧警察法における公安委員会制度

既述のように、教育委員会制度も公安委員会制度も、戦後、ＧＨＱの指示にしたがってつくられました。その経緯を、まず、公安委員会から見てみましょう。

敗戦前における日本の警察の問題点の第一は、内務大臣による全国的統制でした。前述のように、戦前の警察は、地方長官すなわち府県知事の指揮監督下にありました。当時の知事は公選ではなく、内務省の高級官僚が内務大臣によって任命されていました。内務大臣は各地方長官を通じて全国の警察を支配したので、戦前の警察は政治的に支配されていました。問題点の第二は、司法警察に加えて行政警察も担当していたことです。すなわち、犯罪捜査、犯人逮捕などだけでなく、建築、衛生、社会保険、消防、営業取締、危険物規制、労働行政、土地建物の強制使用・収用など、広範な権限を有していたのです

敗戦後、ＧＨＱによって、米国からヴァレンタイン調査団、オランダー調査団が招かれ、日本の警察制度の改革案がつくられました。そして、ＧＨＱは一九四七年九月一六日、片山哲総理大

臣あてマッカーサー書簡で、警察制度改革の根本方針を示しました。そこで以下のように、公安委員会制度の創設を指示したのです。

「各都市及び町は……中央政府から独立したそれ自身の地方警察を有し、其の長に当該市長又は町長が市会又は町会の同意を得て任命する三人の民間人より成る委員会に依り任免され、一定年数の期間在職するものとする。都道府県では、右と同様に任命された委員会を設置すべきであり、此の委員会は当該都道府県の区域内にある国家地方警察に対し指揮権を行使する。（中略）斯かる日本警察制度の改革は……警察官及び警察制度を政府機構の適当なる段階に於て人民の機関として組入れんとするものである。[8]」

首長が議会の同意を得て公安委員を任命する任命制としていること、任命制であっても公安委員会を「人民の機関」（agencies of the people）と位置づけていることが注目されます。

日本政府は、マッカーサー書簡に基づいて警察法の立案を進め、一九四七年一一月に法案を上程、法案は一二月に可決されました。翌年三月、新警察制度が発足し、都道府県・市町村公安委員会ほか国家公安委員会が設置されました。

国家公安委員会は、国家地方警察の管理を行うもので、委員は五人、「警察職員又は官公庁における職業的公務員の前歴のない者」の中から内閣総理大臣が衆参両議院の同意を得て任命します。警察職員だけでなく一般公務員の経験者も除外するもので、徹底した素人統制（layman, layperson control）でした。任期は五年で、継続性・安定性の観点から、各委員の任期満了は一年ずつずらしました。また、政治的中立性を確保するために、委員の過半数が同一政党に所属することとなってはならず、また、委員は政党その他の政治的団体の役員となることができない旨の規定を置きました。

次に、市および人口五千以上の町村に自治体警察を創設し、自治体警察の管理機関として市町村公安委員会を置きました。委員は三人で、市町村長が市町村議会の同意を得て任命するという任命制でした。任期は三年で、任期満了を一年ずつずらして、継続性と安定性を担保することとしていました。国家公安委員と同様、「警察職員又は官公庁における職業的公務員の前歴のない者」であることが条件とされました。また、「議員の被選挙権を有する者」すなわち住民の中から選任するとしていました。中立性確保のために、過半数が同一政党に所属することとならないように配慮する点、政党その他の政治的団体の役員になれない点は、国家公安委員と同じでした。

旧警察法では、自治体警察が置かれていない区域は都道府県国家地方警察が対象としました。都道府県国家地方警察を運営管理する機関として、都道府県公安委員会が置かれました。委員は知事が都道府県の議会の同意を得て任命し、人数、任期や要件は市町村公安委員と同じです。

以上のように、公安委員会は戦後当初から任命制でした。そして任命制であっても、「警察を人民の機関として確保[9]」するための機関であったのです。

ただし、国会審議の際に、公安委員を公選制にすべきではないかという議論がありました。一九四七年一一月一九日、衆議院地方制度委員会で、社会党の大石ヨシエ委員は次のように質問しています[10]。

「私はこれはぜひとも公選にしていただきたいと思うのでございます。……何となれば、市長と結託いたしましたならば、いかなることでもできます。（中略）少なくともこれは公選でないといろいろな弊害ができると思います」

首長が選任するのでは公安委員会の首長に対する独立性が保てない、むしろ癒着・結託の恐れがあるという批判です。これに対し、久山秀雄内務省警保局長は以下のように答弁しました。

「公選ということも一つの考え方であろうと思うのでありますけれども、公選必ずしも警察の運営にふさわしい人が出るとも限りませんし、また警察の運営につきまして特別に主義政策と申しますか、そういうものを掲げて公選に問う、立候補するというふうなことよりも、むしろすでに公選をいたしました自治体の長と自治体の議会と、両方が承認し推薦する人によりましてこの運営を進めた方が、より警察の運営に適当な人が出る……」

ここで示されているのは、候補者が特定の主義主張や政策を掲げて選挙で争うことは不適当であるという考え方です。

旧教育委員会法時代の教育委員会

以上が、戦後における公安委員会誕生の経緯です。次に、戦後初期の教育委員会制度の歴史を見ていきましょう。

敗戦の年の秋から冬にかけて、GHQは日本政府に対し教育に関する四つの指令を出しました。一〇月二二日の「日本教育制度ニ対スル管理政策」、同月三〇日の「教員及教育関係官ノ調査・除外・認可ニ関スル件」、一二月一五日の「国家神道、神社神道ニ対スル政府ノ保証、支援、保全、監督並ニ弘布ノ廃止ニ関スル件」、同月三一日の「修身・日本歴史及ビ地理停止ニ関スル件」です。これらは、戦前戦中の日本の誤った全体主義的教育を排除するための否定的・禁止的措置でした。

一九四六年に入ると、戦後日本の教育をいかにあらためるか、改革の基本的方策を検討するために、マッカーサーはアメリカから米国教育使節団を招きました。米国教育使節団は、米国の教育学者・教師・教育行政実務家など二七名によって構成され、三月はじめに来日、約一か月間日本に滞在して同月三〇日にマッカーサーに「第一次米国教育使節団報告書」を提出しました。報告書は、教育における個人の尊重、機会均等を教育の目的に掲げ、六・三・三・四制の学校制度、男女共学、教員養成制度の改革など、教育改革の基本的な方策を勧告しました。この中で、教育行政の改革方策として、教育委員会制度の導入を提言したのです。

「各都道府県には、政治的に独立した、住民の投票により選出された市民の代表によって構成される教育委員会あるいは機関が設置されることを勧告する。この機関は、法令に従い、都道府県内の公立学校の全般的な管理にあたるべきである。[11]」

市町村にも都道府県と同じように、住民の選挙により教育委員を選んで、教育委員会が公立学校の管理運営を行うよう勧告しました。米国教育使節団は、都道府県と市町村に公選制の教育委員会制度をつくるべきだと述べたのです。

さらに、都道府県でも市町村でも、教育委員会は教育の専門家を任命して、その専門家に具体的な教育行政を行わせるよう勧告しました。これが教育長です。教育長は、教育委員会が定めた方針に従って地域の教育をすすめるのです。教育長の仕事は高度の専門性を必要とするので、一般の行政職員にはできません。一九四九年制定の教育職員免許法では、教育長・指導主事・校長の免許制度が創設されました。教育長の資格を有する者の中から教育長が選任されることとなりました。

文部省は、使節団報告書の勧告にもとづいて教育委員会法案を作成、一九四八年七月五日に成立しました。一〇月五日に教育委員選挙が行われ、翌月、都道府県と五大市（横浜・名古屋・神戸・大阪・京都）ほか二一市一六町九村に教育委員会が発足しました。ところが、教育委員の選挙は投票率が低いことが問題となります。

第一回教育委員選挙の都道府県の投票率は全国平均五六・五％で、これは当時の他の選挙と比べるとかなり低いものでした。教育委員の任期は四年で、当時は二年ごとに半数改選でした。そこで、一九五〇年一一月に第二回教育委員選挙が、全都道府県・五大市・既設市町村と新設一五市で行われました。福井・長崎の二県と八市九町七村で無投票当選となりました。投票率は都道府県五二・八％、五大市はとくに低く二七％、既設市町村四七・二％、新設市五三％にとどまりました。

一九五一年九月に地方行政調査委員会議の勧告、一一月に政令改正諮問委員会の答申が出されました。いずれも、教育委員の公選制をやめて、地方公共団体の長が議会の同意を得て選任することに改めるよう提言しました。

一九五二年一一月に教育委員会をすべての市町村に設置することになっていました（いわゆる全面設置）。これに対して各方面から強い懸念の声が出されました。そこで、文部省は一九五二

教育委員選挙　大阪市史編纂所所蔵

年五月に、市町村教育委員会の全面設置を一九五三年に延期する教育委員会法改正案を提出しましたが、衆議院文部委員会で否決されました。全国知事会、全国市長会、全国都道府県教育長会議など、自治体・教育委員会関係の多くの団体が全面設置に反対する声明・要望を表明しました。文部省は全面設置を一九五三年まで延期する法案を再提出する予定で準備していましたが、一九五二年八月に衆議院が解散されてしまいました。

そこで、一九五二年一〇月に第三回教育委員選挙が行われ、一一月に四六都道府県・五大市・特別区・全市町村・市町村の組合（総数九、九五三）に教育委員会が設置されました。無投票当選は、千葉・滋賀・和歌山・鳥取・高知の五県と三五市四八一九町村で、全教育委員会の半数にものぼりました。都道府県の投票率は五九・八％で、当時の他の選挙に比べるとやはり低いままでした。次の教育委員選挙は二年後の一九五四年の予定でしたが、同年六月の公職選挙法改正により教育委員半数改選制度を廃止、これに伴って一九五四年に任期満了を迎えた委員の任期が二年間延長されました。したがって、一九五四年には教育委員の選挙は実施されなかったのです。

以上に見たように、教育委員選挙は、投票率が低く、無投票当選が多いことが大問題となりました。一九五〇年の教育委員選挙の後、文部省以外の省庁関係の様々の機関・団体から、教育委員会は不要だという見解が表明されました。

地教行法における教育委員会制度の改編

警察制度も教育委員会制度も、一九五〇年代半ばに再編成されます。警察法の改正は一九五四年、教育行政関係法の改正は一九五六年に行われました。警察法改正から一九六〇年の安保条約改定までの間、国会では与野党対決法案の審議をめぐって議員間の乱闘が頻発しました。なかでも警察法改正と教育委員会関係法の改正をめぐっては、とくに激しく対立しました。警察法改正の際には、衆議院議長が約二〇〇名の警官を院内に導入して会期の延長をして法案を成立させ、教育委員会をめぐる法改正では、参議院議長が警察官五〇〇名の出動を要請して法案を可決させました。

一九五六年、教育委員会法にかわって地教行法が制定されると、教育委員会制度が大きく改められました。教育委員選挙は廃止され、都道府県教育委員会の場合は知事、市町村教育委員会は市町村長が、それぞれ県議会、市町村議会の同意を得て任命することとなりました。教育長の免許・資格制度は廃止され、また、これまで教育委員会がもっていた一定の財政自主権がなくなりました。加えて、文部大臣と都道府県教育委員会、市町村教育委員会との間の指揮監督関係が強化されました。こうして、現在の教育委員会制度のように改められます。

その後、一九九九年、地方分権を進めるために、いわゆる地方分権一括法が制定され、地教行法も改正されました。従来、市町村教育長の場合だけ教育委員が兼務することになっていましたが、この時の改正で、都道府県・指定都市の教育長も、教育委員のうちの一人が兼務することになりました。また、都道府県・指定都市の教育委員の数を、これまで一律五人としていましたが、六人とすることもできるようになりました。

さらに、二〇〇七年の改正で、六人以上に増やすこともできるようになりました。また、教育委員会が行う事務のうち、教育長に委任せずに、教育委員会が自ら責任を持って管理執行すべき事項を明確にしました。

一九五四年改正警察法と公安委員会制度

次に、警察法改正について見ることにしましょう。旧警察法は、前述のように、市・人口五千以上の町村に自治体警察を設置し、自治体警察が設置されていない地域を都道府県国家地方警察に担当させたため、警察機構が細分化・複雑化し、犯罪の捜査をはじめとする警察活動が非効率化しました。また、市町村にとって自治体警察の経費はきわめて重い負担となりました。そこで、一九五一年六月の警察法改正で、住民投票によって自治体警察を廃止し、都道府県国家地方警察の管理下に入ることができることとしました。その結果、自治体警察を置く町村の数は、一一三八六から一二七に激減したのです。

旧警察法下の警察制度に対する批判は、自治体警察の問題にとどまりませんでした。そこで、一九五四年六月に警察法が全面的に改正され、警察機構が大幅に再編されたことは、さきに見たとおりです。

一九五四年の警察法改正にあっても、公安委員会制度は存置されました。その趣旨を、二月一六日の犬養健法務大臣の提案理由説明から引用します。

「中央においては内閣総理大臣の所轄のもとに国家公安委員会を、また地方においては都道府県知事の所轄のもとに都道府県公安委員会を置きまして、それぞれ国民を代表する委員からなる合議体の機関によって警察庁または都道府県警察を管理せしめることといたしまして、もつて警察の民主的な管理運営を確保し、かつ警察の政治的中立性を維持せんといたしたのであります。」[12]

警察の民主的な管理運営と政治的中立性を確保するために、住民代表からなる合議制機関としての公安委員会が必要であるというのでした。

国家公安委員会については、委員五人のほかに、国務大臣を委員長とすることとなりました。ただし、委員長は、可否同数の場合にのみ議事を決します。委員は従来同様、内閣総理大臣が両議院の同意を得て任命します。任期五年、任期満了は一年ずつずれます。

一九五四年改正警察法は、自治体警察を廃止し、都道府県警察に一元化しました。都道府県公安委員会の構成は、東京都と指定都市を持つ府県の場合とその他の府県の場合では異なりますが、どちらも任命制であることには変わりありません。前者は委員五人で、三人は知事が都道府県議会の同意を得て任命、二人は指定都市の市長が議会の同意を得て推薦した者を知事が任命します。後者は委員三人で、知事が都道府県議会の同意を得て任命します。いずれも、議員の被選挙権を有する者すなわち住民から選出される点は従来と同様です。

委員の要件は「任命前五年間に警察又は検察の職務を行う職業的公務員の前歴のないもの」に

かわりました。国会提出法案には「任命前五年間に」という条件はなかったのですが、衆議院で修正されました。この文言が加わったことで趣旨が曖昧になりましたが、基本的な考え方として、警察・検察職員の前歴を不可とするもので、素人統制の考え方に立つものです。委員のこのような要件は、国家公安委員も同様です。

政治的中立性に関しては、委員の過半数が同一政党に所属することとなってはならない旨の定めが、引き続き置かれました。委員の政治的活動については、政党その他の政治的団体の役員となることを禁止するだけでなく、「積極的に政治運動をしてはならない」と、さらに規制を加えました。任期は東京都・政令市を置く県もその他の府県も三年で、毎年一、二人が交代する点も従来通りです。

一九五四年四月十四日衆議院法務委員会で、斉藤昇国家地方警察本部長官は、委員の任期をずらすことについて、次のように述べました。

「委員の改選は、これは同時に改選をするということは委員会の継続性を失わせるおそれもありまするし、ことにこの公安委員会は、政治的に中立性を保つということを主眼として設けられた委員会でございますから、任期のかわつたときに当該の任免権者、同意を与える国会及び地方議会の構成のいかんによつて一どきにかわってしまうということはよろしくないということで、毎年一人ずつ交代するようにするのが、ただいま申しました政治的中立性を保つという本旨から適当であろうということからいたしまして、毎年一人ずつ委員の改選を行って行く[13]。」

内閣総理大臣や首長がかわったときに委員を全員一度に交代できるようにすると、中立性を阻害します。委員を一度に改選できないことは、継続性のみならず中立性の確保にも有効です。このことは、教育委員会の場合にもそのままあてはまります。

以上に述べたような公安委員会の制度は、現在も維持されています。今日の教育委員会と比べますと、首長が議会の同意を得て任命すること、毎年一から二人ずつ委員が交代し、首長がかわっても全員が一度に交代することがないようにしている点、政党の役員になるなどの積極的な政治運動を禁止している点、公安委員会も教育委員会も同じです。ただし、公安委員が議会の議員の被選挙権を有する者から選任されるのに対し、教育委員は知事または市町村長の被選挙権を有するものとなっています。公安委員は住民から選ばれますが、教育委員は住民でなくても構わない点が大きく異なります。この点は後に検討します。

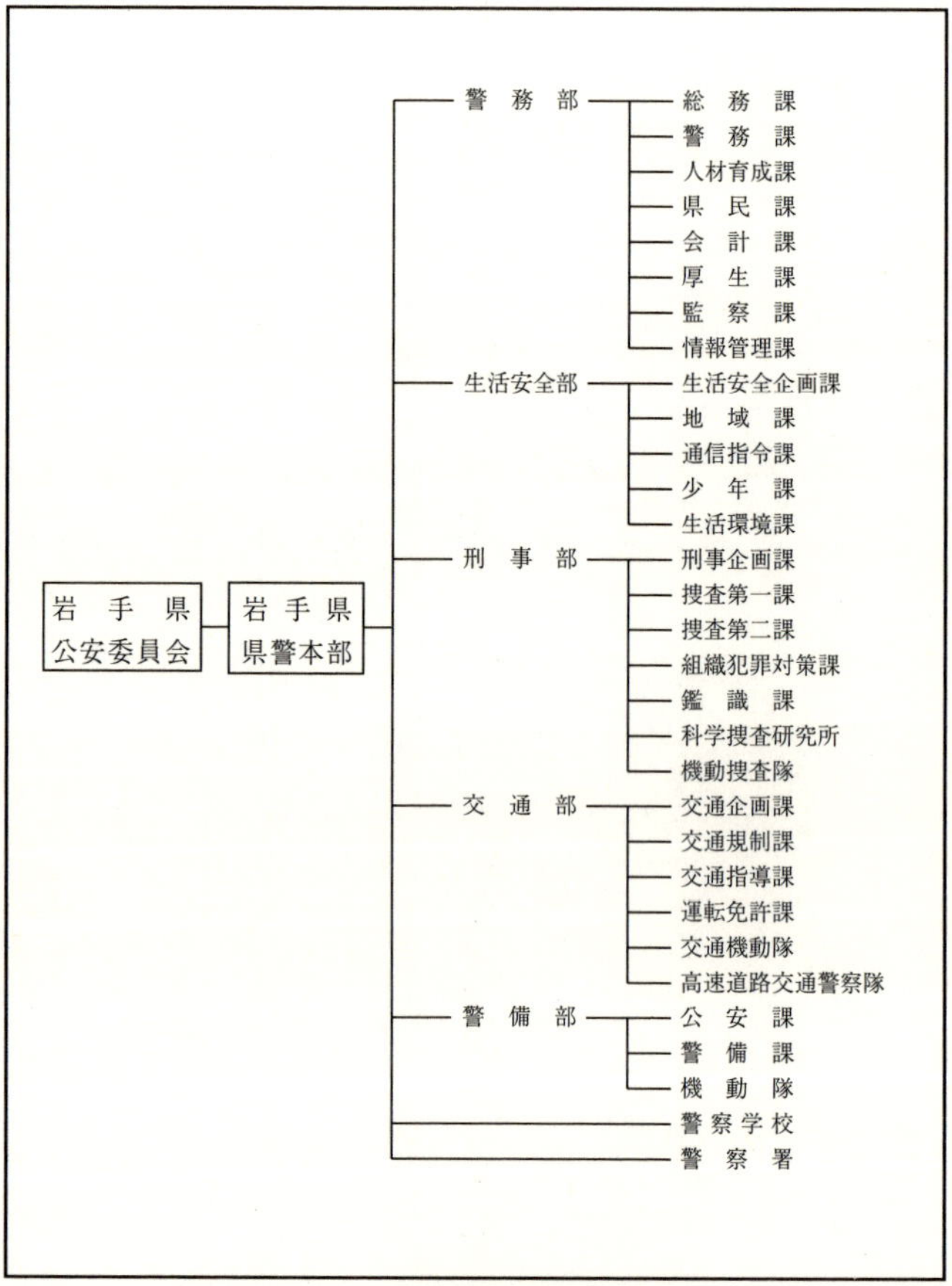
岩　手　県
公安委員会
岩 手 県
県警本部
警　務　部
総　務　課
警　務　課
人材育成課
県　民　課
会　計　課
厚　生　課
監　察　課
情報管理課
生活安全部
生活安全企画課
地　域　課
通信指令課
少　年　課
生活環境課
刑　事　部
刑事企画課
捜査第一課
捜査第二課
組織犯罪対策課
鑑　識　課
科学捜査研究所
機動捜査隊
交　通　部
交通企画課
交通規制課
交通指導課
運転免許課
交通機動隊
高速道路交通警察隊
警　備　部
公　安　課
警　備　課
機　動　隊
警 察 学 校
警　察　署

図７　岩手県警察組織図の例

第四章　公安委員会との比較から教育委員会を考える

警察刷新会議の緊急提言と日弁連の決議

さて、警察制度は、一九五四年の警察法全面改正以降、根本的な改編は行われずに今日に至っています。ただし、一九九九年頃から二〇〇〇年にかけて、各地の警察で不祥事が相次ぎました(14)。警察に対する社会的信用が失墜し、国民から強い批判を受けました。そこで、国家公安委員会の求めにより警察刷新会議が発足して、警察刷新のための処方箋を検討しました。警察刷新会議は二〇〇〇年七月、「警察刷新に関する緊急提言」をまとめました。この提言にもとづいて、同年十二月に警察法が改正されました。

続発する警察不祥事に対して、日本弁護士連合会も同年五月の定期総会において「警察制度の抜本的改革を求める決議」を行いました。ただし、その内容は、「警察刷新に関する緊急提言」とは大きく異なります。

警察刷新会議の「緊急提言」は、一九五四年の警察法改正以降、政府として最も抜本的に公安委員会のあり方を検討したものです。まず、公安委員会が機能を充分に果たしていないと述べました。

「公安委員会は、警察行政の民主的運営を保障し、政治権力からの中立性を確保するため警察を管理する役割を担っているが、国民の良識の代表として警察の運営を管理する機能が十分には果たされていない。」

刷新の方策として、「公安委員会に期待されている警察への『管理』機能の見直し、管理能力の強化など、公安委員会の活性化」を提言しました。

日弁連の「警察制度の抜本的改革を求める決議」も次のように、公安委員会制度を批判しました。

「公安委員会制度は、警察を民主的に管理するという趣旨で設けられたものである。ところが現状は、ほとんど形骸化している。」

日弁連は、公安委員の選任方法を改めるよう提言しました。これについては、後述します。

公安委員会の管理権限

警察刷新会議の緊急提言は、前述のように、公安委員会の「警察の運営を管理する機能が十分には果たされていない」と批判しました。では、公安委員会の管理機能とはどのようなものでしょうか。警察法第三八条三項は「都道府県公安委員会は、都道府県警察を管理する」、四七条では「警視庁及び道府県警察本部は、それぞれ、都道府県公安委員会の管理の下に、都警察及び道府県警察の事務をつかさど・・・る」と定めています。警察本部（警視庁）に対する公安委員会の「管理」とはいかなるものでしょうか。警察刷新会議は次のように述べています。

「『国家公安委員会が警察行政の大綱方針を定め、警察行政の運営がその大綱方針に則して行われるよう警察庁に対して事前事後の監督を行うこと』を一般原則とするのが相当であるとされてきた。（中略）警察の捜査活動や警備実施に関する事務など警察運営に関する専門的・技術的知識が必要とされる事務については、公安委員会は、上記のような原則的な形態での管理の任に当たることで相当かつ十分とされよう。」

そして、「以上の理は、地方公安委員会と地方警察本部等との間においても、妥当する」と記しています。

公安委員会の基本的な役割が、大綱方針を定めて、その履行を監督することであると述べているのです。ただし、この「緊急提言」は警察不祥事をめぐる公安委員会の形骸化批判への対応策を提示することを目的としていました。そこで、加えて以下のように記しています。

「しかし、警察事務の執行が法令に違反し、あるいは国家公安委員会の定める大綱方針に則していない疑いが生じた場合には、その是正又は再発防止のため、具体的事態に応じ、個別的又は具体的に採るべき措置を指示することも、……なんら否定されないものというべきである。」

法令違反や大綱方針に反しているのではないかという疑いがある場合には、個別的具体的な指示が可能であるというのです。この提言にしたがって、二〇〇〇年の警察法改正で、都道府県公安委員会が都道府県警察に対して、具体的個別的な事項にわたる監察の指示ができることを明記する条文が追加されました。

教育委員会の指揮監督権限

他方、教育委員会の場合は、地教行法第一七条で「教育長は、教育委員会の指揮監督の下に、教育委員会の権限に属するすべての事務をつかさどる」と定めています。では、教育委員会の「指揮監督」は、どのようなものでしょうか。文部（科学）省職員による地教行法の解説書は、これに関して、まず、教育委員会の基本的な役割を以下のように述べます。

「教育委員会は、公正な住民の意思を反映し、地方の実情に即して、教育行政の根本方策の樹立その他の重要事項等を決定することを本来の職務とするものである[15]」

そして、教育長との関係を、次のように続けます。

「個々の具体的な事務処理についていちいち教育長を指揮し、命令することは適当ではなく、大綱について教育長の行動を規律するにとどめ、細部については、教育行政の専門家である教育長の判断を尊重し、教育長の行動を無用に束縛することのないようにすべきである。[16]」

この説明によれば、根本政策・大綱方針の決定とその履行の監督という点で、公安委員会と基本的に同じです。

しかし、二〇〇六年の教育基本法改正後につくられた教育再生会議が、教育委員会のあり方を再検討しました。中教審は、これをふまえて「教育基本法の改正を受けて緊急に必要とされる教育制度の改正について」を二〇〇七年三月一〇日に答申しました。そこでは、「地域の基本的な教育方針・計画の策定や教育委員会規則の制定・改廃など、合議制の教育委員会が自ら管理・執行する必要がある事項を明確化すること」と述べました。これを受けて、同年の地教行法改正では、第二六条二項一～六号に、教育長に委任せずに教育委員会が自ら行うべき事項が列記されました。そのうちの一～四号は次の通りです。

一　教育に関する事務の管理及び執行の基本的な方針に関すること。
二　教育委員会規則その他教育委員会の定める規程の制定又は改廃に関すること。
三　教育委員会の所管に属する学校その他の教育機関の設置及び廃止に関すること。
四　教育委員会及び教育委員会の所管に属する学校その他の教育機関の職員の任免その他の人事に関すること。

以上のように、二〇〇七年の地教行法改正によって、教育委員会の役割は、教育の基本方針の決定、教育委員会規則の制定にとどまらず、学校等の設置・廃止、教育職員の人事等についても教育長に委任せずに、教育委員会自らが行うべきことが明確に規定されたのです[17]。

以上に見たところから、教育委員会は、公安委員会と比較した場合、素人統制よりもむしろ、教育に関する一定の専門的識見を持って教育行政の運営に携わるよう要請されていることがわかります。

委員の常勤化について

委員が非常勤である点がしばしば批判されることは、公安委員と教育委員に共通です。公安委員の常勤化について、前記警察刷新会議の「警察刷新に関する緊急提言」は、以下のように述べました。

「都道府県公安委員会については、法律上委員は非常勤とされているが、地方の実情によって、適任者の確保が可能であるかとの問題を考慮の上、常勤とすることができるようにすることが適当である。」

しかし、常勤化は、二〇〇〇年の警察法改正法案にもりこまれませんでした。その理由を、二〇〇〇年一一月一六日の参議院地方行政・警察委員会における石川重明警察庁長官官房長の答弁から引用しましょう。

「公安委員会の委員は、警察事務の専門家ではない社会各層の有識者から選任をされておるわけでございますが、それぞれ幅広い視野と高い見識に基づいて大局的な見地あるいは国民的視点で警察を監督していただく、警察運営の適正化を図るということが任務として期待されておるわけでございます。この委員を常勤とした場合に、公安委員を務めることのできるような適任者を得るのは困難であるといったような事情というものは、・・・特に都道府県の場合にいろいろな問題があるということを聞いておりまして・・・。[18]」

公安委員を常勤化した場合に、現在職を持っている人、自分で企業等を経営している人が公安委員になれなくなり、ふさわしい人物を見つけるのが困難であるという趣旨でした。

以上のように、二〇〇〇年の「警察刷新に関する緊急提言」で公安委員の常勤化が提言されましたが、法改正はなされませんでした。適任者を得にくくなるという理由からです。これは教育委員にもそのままあてはまります。

責任不明確と非効率という批判

教育委員会にも公安委員会にも向けられる批判として、他に責任の所在が曖昧であること、そ

郵便はがき

料金受取人払郵便

神田局
承認

5998

差出有効期間
平成27年3月
20日まで

101-8791

504

千代田区猿楽町2-7-6-201

クロスカルチャー出版
愛読者カード係 行

愛読者カード

●お買い上げの書名をご記入下さい。

●お名前	●ご職業	●年齢	男 女

●ご住所

〒　　　　　　　　　　TEL

●お買い上げ書店名

区・市・町　　　　　　　書店

●本書をお買い上げになったきっかけ

1. 新聞（書評/広告）　新聞名（　　　　　　）
2. 雑誌（書評/広告）　雑誌名（　　　　　　）
3. 店頭で見て
4. 小社の刊行案内
5. その他（　　　　　　）

●本書について、また今後の出版についてのご意見・ご要望をお書き下さい。

して、事務の執行が能率的でないことがあげられます。また、警察本部主導あるいは教育委員会事務局主導で、委員会が形骸化しているという批判も共通です。

これは、公安委員会・教育委員会だけでなく、行政委員会一般に対してなされる批判です。既述のように、行政委員会は、占領下、ＧＨＱの主導によって導入されました。行政委員会制度は、占領終結を前にして、存在意義が再検討されました。一九五一年八月の政令改正諮問委員会の「行政制度の改革に関する答申」は、廃止あるいは整理簡素化すべきだと述べました。

「行政委員会制度は、行政機構民主化の一環として重要な意味をもったことは否定しえないが、もともと、アメリカにおけると異り、わが国の社会経済の実際が必ずしもこれを要求するものでなく、組織としては、徒らに厖大化し、能動的に行政目的を追求する事務については責任の明確化を欠き、能率的な事務処理の目的を達し難いから、原則としてこれを廃止すること。但し、公正中立的な立場において慎重な判断を必要とする受動的な事務を主とするものについては、これを整理簡素化して存置するものとすること」

ここで、責任が不明確であること、事務処理に能率性を欠くことは、合議制であることに由来します。この二つの批判は、行政委員会に対する共通の批判として、その後繰り返されます。

一九五三年一〇月、地方制度調査会の「地方制度の改革に関する答申」も、行政委員会の廃止・

簡素化を唱えました。

しかし、さきに見たように、一九五四年の警察制度大改正、一九五六年の教育行政制度の大幅改編にあっても、公安委員会制度と教育委員会制度は維持され存続し続けたのです。

住所要件

教育委員会に対する最も強い批判は、教育委員会が民意を反映していないというものです。都道府県知事や市町村長は住民の直接選挙で選ばれるから民意を反映していますが、教育委員は住民の選挙による選出ではないので民意を反映していないというのです。しかし、選挙で選出された知事・市町村長が、選挙で選出された議員によって作られる議会の同意を得て任命するという現行の教育委員の選任方法は、二重に民主的です。

重要な点は、任命制であっても、民意を教育行政に反映するための制度であることの確認です。教育委員会制度は発足当初公選制でしたが、その後任命制に改められました。任命制への転換に対しては多くの教育関係者が強く反対しました。そのため、任命制教育委員会が民意反映の機関であることが必ずしも十分に認識されていません。しかし、前述のように、公安委員会の場合、占領下、マッカーサー書簡にもとづいて創設された当初から任命制であり、「人民の機関」(agencies of the people）であったのです。

公安委員会・教育委員会は、民意を反映した政策決定等を、首長から独立して行うことを目的とする機関です。したがって、首長と対立することは制度設計上、当然の前提なのです。両委員会とも、首長が選挙で交代しても委員は任期中は身分が保障されます。首長は、自らが任命した委員であっても、心身の故障や非行などの特別な事情のない限り罷免することができないのです。

ただし、これと関わって、住所要件の問題があります。さきに見たように、公安委員の場合は「議会の議員の被選挙権を有する者」つまり当該自治体の住民から選任されることになっています。これに対し、教育委員は「長の被選挙権を有するもの」（地教行法四条一項）ですので、住民でなくても構いません[19]。つまり、公安委員は住民代表ですが、教育委員の場合は住民代表ではないのです。

この点について、文部（科学）省は地教行法の解説書で次のように説明しています。内容は、地教行法制定当時も、その後もかわっていません。

「広く人材を求めるために、地方公共団体の長と同様に、住所要件を必要としないとされているが、当該団体の住民の意思の反映という点については、任命者たる長が住民から選挙されていること、任命に同意を与える議員が、住所要件を必要とし、かつ、住民により選挙されているということで十分であるとしたのである[20]。」

教育委員会は「住民の意思の反映」機関であると述べています。ただし、その根拠は、住民の中から任命されることではなく、住民による選挙で選ばれた首長が、選挙で選出された議会の議員の同意を得て任命していることだと説明しています。

公安委員会は都道府県のみに設置され、市町村には置かれません。教育委員会は市町村にも設置されます。また、教育委員会の場合は、委員が教育長を兼ねるという事情があります。教育長は、常勤職で、教育委員会事務局の長ですから、狭い市町村内で適任者を得ることが困難です。教育長については、住所要件を課さずに、住民でない人も含めてふさわしい人物を任命できるようにすべきです。さきに見たように、実際に教育長となっている人は、校長経験者や自治体の教育行政職の経験者です。ある市町村の校長や自治体職員だからといって、その市町村に住んでいるとは限りません。他の市町村から通勤している人はたくさんいます。

そもそも、教育委員が教育長を兼ねる点が原理的に問題で、これまで様々に批判されてきました。

そこで、第一に、教育委員が教育長を兼ねる制度を廃止して、教育委員会が委員以外の人から教育長を任命するよう改めるべきです。第二に、教育委員は自治体の住民の中から選任することにあらため、教育委員を住民代表とすべきです。

教育委員の選任方法の工夫

以上、教育委員にも公安委員と同様に、住所要件を課すべきであると述べました。では、公安委員の選出の方には問題がないかというと、そうではありません。前述のように、日本弁護士連合会は、続発する警察不祥事に対して二〇〇〇年五月の定期総会において「警察制度の抜本的改革を求める決議」を行いました。そこでは、公安委員の人選について以下のように批判しました。

「民主的理念に基づき警察を市民の立場から管理すべき責任を負う国家及び都道府県公安委員会は、委員の人選自体が実質的には警察官僚によって行われ、その上、独立した事務局体制を持たず、監察権限もないなど、警察を管理する制度的保障を欠いている。このため警察は、行政上の管理監督を事実上受けることがないまま今日に至り、綱紀に対する厳しさを欠く結果となった。」

ここで、「委員の人選自体が……警察官僚によって行われ」ているというのは、公安委員の候補者を警察が示し、首長が議会にそのまま提案して同意を得て任命するというケースが多いことを示しています。行政法学者の阿部泰隆氏は、「そもそも公安委員会委員は、筆者の聞くところかなりの場合警察の推薦により知事によって任命されるという実態にあるらしい」と記しています[21]。

そして、日弁連は、本来、公安委員は公選制によるべきであると主張します。

「公安委員の選任は理念としては公選制によるべきである。早急な改革を行う上で実務的に公選が困難であるとするならば、次善の策として、民意が反映する方法を採用すべきである。」

「次善の策」としての民意を反映する方法とは、以下のようです。

「例えば、市民に公安委員候補者の推薦団体、人柄、経歴、見識、主張等を明らかにし、市民が候補者に対して質疑をする公聴会等の機会を保障し、その上で国会又は都道府県議会において必要十分な聴聞手続きを行った後、議会の議決による指名に基づいて総理大臣又は知事が任命するなどの方法を採るべきである。」

候補者の情報や候補者の警察に対する見解を明らかにし、市民が公聴会等で意見を聞き、議会で候補者の見解を聞いた上で、議会の指名に基づいて首長が任命すべだと主張するのです。

以上のような公安委員の選任に関する日弁連の提案は、教育委員にもあてはまります。日弁連の提言を参考に、教育委員の任命に住民の意思がいっそう反映するように工夫をすべきです。

個別の救済機関設置の必要性

ところで、教育委員会に対する批判は、いじめや体罰問題への教育委員会の対応をめぐっても行われています。いじめや体罰防止のために、教育委員会が学校や教職員に研修や指導等を行うことは必要です。しかし、これらの問題の事後的解決には、教育委員会とは別の機関が必要です。学校における子ども個々人の権利保障のために、教育・子どもに関するオンブズパーソン制度を導入することが求められます。

「オンブズパーソン」とは、多義的な用語です。弁護士などが、情報公開制度などを用いて行政の違法性をただすというういわゆる「民間オンブズパーソン」がありますが、ここで言うのは「公的オンブズパーソン」です。これは、法令に基づいて地方自治体などから任命・委嘱された人物が、行政から一定程度独立して行政を監視するとともに、市民の権利・利益を守る公的な制度です。

前記日弁連の「警察制度の抜本的改革を求める決議」は、次のように、警察から独立した市民による監視システムをつくるよう提言しました。

「市民のための警察を実現するためには、市民自身の手により、警察から独立して、警察を監視することのできるシステムの創設が求められる」

いわゆる「警察オンブズマン」です。日弁連の決議では、その目的を警察に対する監視としていますが、教育行政の場合は、子ども個々人の権利・利益の保護・救済に力点を置くべきです。その際、対象を学校だけでなく福祉なども含む行政全般として、「子どもオンブズパーソン」とすることが妥当でしょう。「子どもオンブズパーソン」制度に関しては、兵庫県川西市が注目されます。すでに一九九八年に「川西市子どもの人権オンブズパーソン条例」が制定されています。子どもの人権侵害の救済、子どもの人権擁護・人権侵害の防止、子どもの人権擁護のための制度改善等の提言がオンブズパーソンの職務です（同条例六条）。

第五章　まとめ

以上、教育委員会制度について、そのシステム、特長、意義を、公安委員会との比較を含めて検討してきました。ここで、その内容をまとめてみましょう。

教育委員会と公安委員会の歴史

教育委員会も公安委員会も、戦後ＧＨＱの指示により日本に導入されました。教育委員会の場合、当初委員を選挙で選ぶ公選制でした。その後一九五六年の改革によって、教育委員は公安委員と同様に任命制となりました。これに対し、公安委員会の場合、はじめから首長が議会の同意を得て任命するというやり方を取っていました。任命制であっても、公安委員会は、知事・市町村長からかなりの程度独立して、住民の機関（agencies of the people）として警察を管理したのです。

教育委員会も公安委員会も、行政委員会です。行政委員会は、複数の委員による合議制の機関であるため、責任の所在が曖昧である、能率的でないという批判が、当初からつきまといました。しかし、合議制であるがゆえに、ひとりの思いつきや気まぐれで物事が決まることはありません。また、複数の委員の任期をずらしているので、一度に委員全員がかわることがありません。そこで、継続性を保つことができます。従来とは大きく異なる方策、これまでと整合性を欠く施策がとられることを避けられるのです。

教育行政制度も警察制度も、一九五〇年代半ばに激しい政治的対立の中で大幅に改編されました。警察制度の改革は一九五四年の警察法改正によって、教育行政制度は一九五六年の教育委員会法から地教行法への転換によって行われました。どちらの国会審議も与野党対決法案となり「乱闘国会」で成立しましたが、教育委員会制度と公安委員会制度は、廃止されることなく存続しました。

一般行政からの独立の必要性

もちろん、現在の教育委員会制度が最善の形態で、何の問題もないというわけではありません。教育の中立性は近代公教育の基本原則ですが、国により時代により教育行政システムは多様です。重要なことは、教育の本質ゆえに、教育行政は一般行政とは異なったシステムによって行われなければならないという点です。

そもそも、学校では、真理・真実を教えなければなりません。真理は多数決では決められません。思想信条を形成する教育を、政治で決めてはいけません。教育は自ら主体的に正しく判断できる能力をもつ次代の社会の形成者を育成する営みです。一〇年先、二〇年以上先を見越した長期的視点が必要です。政治家は次の選挙を意識して、どうしても短期的な効果を求めがちです。教育行政が、教育に関して識見のない権力者によってゆがめられることは避けなくてはなりません。

現在の教育委員会の運営方法に問題があるからといって、中立性や専門性、継続性や安定性など、教育行政に不可欠な特質を確保するための方策を提案することなく、全面的廃止のみを主張したり、必置規制の廃止、言いかえれば選択的廃止を主張することは間違いなのです。

国家（中央）教育委員会

公安委員会は地方だけでなく、国にも置かれています。国家公安委員会です。これに対して、教育委員会の場合は、国レベルではつくられませんでした。もっとも、戦後初期、国家レベルの教育委員会構想がありました。占領下、内閣総理大臣の調査審議機関として設置された教育刷新委員会（教刷委）が提言しました。教刷委は、従来の文部行政を批判し、教育・文化に対する官僚統制を排除するため、そして教育行政を政党政治から独立させるために、中央教育委員会を構想したのです。

一九四七年一二月の建議「大学の地方委譲、自治尊重並びに中央教育行政の民主化について」は、文部省を文化省（仮称）に改編するとともに中央教育委員会を設置すること、そして、文化大臣（仮称）は、学校教育・社会教育・文化等の重要事項について、中央教育委員会の審議を経ることを提言しました。中央教育委員会の委員は一五人で、七人は文化大臣が推薦して国会の承認を得、各都道府県の教育委員から選挙された選挙人が一二人の候補者を選定して、その中から文化大臣が六人を指名、そして、衆議院・参議院より議員一人ずつというものでした。

今日、国の行政組織では教育行政の独立の制度がとられていない、だから教育委員会は不要だと言う人がいます。しかし、むしろ国家レベルでも教育委員会が必要です。これまで、しばしば政権政党の党派性にもとづく教育政策が文部（科学）省を通じて推し進められたために、教育現場に政治的対立がもちこまれてきたのです。

任命制での中立性への疑問と批判

教育委員会も公安委員会も、政治的中立性を担保するために置かれています。首長が責任者となって直接教育行政や警察行政を行うのではなく、首長から独立した別の行政組織を作って管理運営を行うこと自体が、中立性確保のためのシステムです。さらに、その委員の構成面でも、政治的中立性が配慮されています。委員の過半数が同一政党に所属してはならなず、政治団体の役員になったり積極的に政治運動をしてはならないとされています。

しかし、教育委員会や公安委員会が本当に政治的中立性を担保しているのかという批判も共通しています。首長が任命すること自体が、すでに首長からの独立制を疑わせるものです。首長が自分の考えに大きく反する見解を持つ人物を委員に任命することは基本的にあり得ません。委員が、自分を任命した首長と対立することは普通はありません。委員会が、多くの審議会と同様、行政の施策を追認する隠れ蓑となっているという批判もあります。議会の多数派と首長の政治勢力が同一で、さらにその状態が長く続けば、政治的多数派の好む委員にかたよることとなります。実際、都道府県公安委員について、地域割りの慣習の存在、警察官の再就職対策としての利用、知事選のための票集めに必要な有力者の任用などが指摘されてきました[22]。

このように、これまで教育委員会に対して、政治的中立性が確保できていないという批判がしばしば行われてきました。橋下氏のように、知事・市長が教育委員会を批判して対立するのはきわめて例外的です。むしろ教育委員会が首長と癒着しているというように、教育委員会が首長から独立していないという批判のほうが一般的なのです。

したがって、教育委員会が、首長から独立して、住民の意思を反映して教育行政を行うためには、教育委員の住民代表性を高める必要があります。

住民代表

ところで、公安委員はその都道府県の住民の中から選ばれます。他方、教育委員の場合、その都道府県・市町村の住民でなくても委員になることができます。しかし、教育委員会が住民の意思を真に反映するためには、教育委員も住民の中から任命されるべきです。

教育委員会の場合、委員のうちの一名が教育長を兼ねることになっています。教育長は、教育委員会の事務局の長となる常勤職員で、一定の知識と経験が必要ですので、教育委員とは大きく役割が異なります。教育長を住民の中から選任しなければならないということには無理がありま す。

公安委員会は市町村には置かれません。これに対し、教育委員会は都道府県だけでなく市町村にも置かれます。教育長を兼ねる教育委員を狭い市町村内の住民から選ぶことは、大きな制約となります。近くの他の市町村に住んで、そこから通勤している校長・教員や公務員は少なくありません。

そこで、教育委員が教育長を兼務する制度を廃止して、教育長と教育委員を別にすること、そして教育委員に住所要件を課して、教育委員は地域住民の中から選ばれる住民代表とすべきです。

そして、公安委員の選任に関する日弁連の提言のように、教育委員候補者の経歴・主張、推薦団体等を明らかにし、市民が候補者に対して質疑をする公聴会等を開いた上で、議会において必要十分な聴聞を行った後、議会の同意を得て任命するといったやり方をすべきです。このように、任命制であっても住民の意思を反映する手続きをとるべきです。

さらに、任命された教育委員は、住民の教育に関する意見を知るために、委員自身が主体的努力を行うとともに、教育委員会としても、住民の意見を聞くための機会を多く設けることが必要です。

以上、繰り返し述べてきたように、任命制であっても、教育委員は民意にもとづく教育行政を首長から独立して行う役割を担っています。地方分権化の中、教育委員会は各自治体が地域の民意にそくした教育行政を推進していくために、存在意義と重要性がいっそう増しているのです(23)。

このリブレは小社主催第七回文化講演会「危機に立つ教育委員会」（二〇一一年一二月八日）をもとに加筆し再構成した

[注]

(1)行政学者による教育委員会制度廃止論として、新藤宗幸氏の主張が知られています(例えば新藤宗幸「教育行政と地方分権化」東京市政調査会編『分権改革の新展開に向けて』日本評論社、二〇〇二年)。

(2)臨床教育研究所「虹」編集・発行『教育委員会に関する教師の意識調査』レインボーリポートVol.15

(3)二〇〇七年の地教行法改正で、教育委員には保護者を含むことが義務化されました(四条四項)。

(4)公務員の身分保障は、行政の能率の維持向上、中立性・安定性確保のために必要不可欠です。行政は民意に基づく政治によって決定され、行政機関は政治の決定にしたがって効率的に行政を推進することが使命です。そこで、近代公務員制度では成績主義(merit system)をとり、一般の公務員の採用・昇任その他の人事を受験成績や勤務成績の実績に基づいて行うことを原則としています。従来、首長がかわった場合、それまでの役人を新首長好みの職員に取り替えることは、昔からしばしば行われてきました。選挙で応援してくれた人に見返りとして公務員のポストを与えることもありました。これを猟官制(spoils system)と言います。副知事・助役等一部の上位ポストが政治的に任命されるのならばともかく、部課長さらには係長やヒラ職員までもが政権交代とともに交替させられることになれば、公務員は自分の地位を守るために政治的にならざるを得ません。身分保障をなくしてしまうと、当選した政治家の考えで人事が左右されることになります。公務員が自己の地位を守るために政治的に行動せざるをえなくなり、否応なく政争に巻き込まれるのです。

(5)したがって、いわゆる民間人校長を登用して、教員評価をさせることは不適当です。

(6)公立大学が教育委員会の管轄外となった事情について詳細は拙著『二〇世紀日本の公立大学』（日本図書センター、二〇〇九年）三一七～三一八ページを参照下さい。

(7)田中二郎「地方公共団体における行政委員会制度」（『地方行政委員会制度論』自治論集V、自治研究会、一九五六年）、一～二ページ。田中氏は、「地方公共団体において、行政委員会の性質を有する執行機関を設けている理由は、具体的に、各委員会によって異る」とも記しています（同前、七ページ）。

(8)警察庁警察史編さん委員会編『戦後警察史』警察協会、一九七七年、一四四～一四五ページ。

(9)内務省警保局企画課『新警察制度概説—警察法の解説』立花書房、一九四八年改訂版、四二ページ。

(10)『第一回国会衆議院治安及び地方制度委員会議録』第三五号、一九四七年一一月十九日、二五八ページ。

(11)Report of the United States Education Mission to Japan, United States Government Printing Office, 1946, p.28.

(12)『第一九回国会衆議院会議録』第一〇号、一九五四年二月一六日、三ページ。

(13)『第一九回国会衆議院法務委員会議録』第三九号、一九五四年四月一四日、一ページ。

(14)神奈川県では、一九九九年、警察官が部下にしばしば暴行を加えていた件、また、事件の被害者の女性のネガフィルムを用いてこの女性を脅して金銭と交際を要求していた件について、県警の説明が不適切であったため社会の批判が高まり、県警本部長が責任をとって辞職しました。その後も様々な不祥事が発覚しましたが、警察官が覚醒剤を使用していた事件を本部長を含む幹部職員が組織的に隠蔽していたことが発覚し、二〇〇〇年に県警本部長以下五人が犯人隠匿罪等で有罪判決を受けました。

二〇〇〇年、新潟県で誘拐された後九年以上にわたって監禁されていた少女が発見・保護された際、これに関する県警の説明が事実に反するとして批判を受けました。さらに、少女が保護された当日に、不祥事対策として打ち出された特別監察のために新潟県に来ていた関東管区警察局長と新潟県警本部長が、温泉宿で遊興していたことが明らかになりました。局長と本部長は辞任しましたが、国家公安委員会の局長・本部長に対する処分の甘さや、処分を持ち回り決済の方法で行ったことに対して、世論から厳しく批判されました。

その後、警察刷新会議発足後に、埼玉県の「桶川ストーカー事件」や栃木県の「石橋少年リンチ事件」が発覚しました。この二つの事件では、被害者やその家族が繰り返し警察に対応を求めていたにもかかわらず、警察の対応が消極的で、被害者が殺害されてしまいました。桶川の事件では、警察官が捜査書類を改ざんしていたことも明らかになりました。

(15)木田宏『逐条解説地方教育行政の組織及び運営に関する法律』第一法規、初版一九五六年、一〇一ページ、三訂版二〇〇三年、一五三ページ。

⒃同前。

⒄二〇〇七年の地教行法改正では、ほかに、教育委員に保護者を含めることを義務化しました（四条四項）。二〇〇一年の改正の際に努力義務としたのを一歩進めました。さらに、教育委員会の責任の明確化に対応して、委員が職責を自覚すべきこと（一一条六項）、教育委員会の管理・執行状況の点検・評価（二七条）、教育委員の研修等の規定（四八条二項四号）が新設されました。

⒅『第一五〇回国会参議院地方行政・警察委員会会議録』第四号、二〇〇〇年一一月一六日、二ページ。

⒆公選制の時代は、住民であることを要件としていました。

⒇前掲『逐条解説地方教育行政の組織及び運営に関する法律』初版五二ページ、三訂版九八ページ。

(21)阿部泰隆「警察腐敗の防止策」篠原一編『警察オンブズマン』信山社、二〇〇一年、五八ページ。

(22)『読売新聞』二〇〇〇年七月一六日付。

(23)なお、教育に関する住民の意思を、教育行政のどのレベルで反映するかという問題があります。現行制度においては、基本的に、住民の意思は教育委員会を通して学校行政に反映されます。今日、学校運営協議会を充実・強化したり、学校理事会を設置すべきだという主張があります。住民・保護者の意思を各学校レベルの運営に反映するシステムが充実してきた場合に、教育委員会の権限を各学校に委譲していくという論理が成り立ちます。

しかし、この問題は、本質的に、学校行政を学校単位で行うのか、市町村あるいは都道府県単位で行うかに関わります。言うまでもなく、学校をめぐる行政は、個々の学校の自律性に委ねるべきもの、市町村ごとに担うべきもの、教育事務所のように複数市町村のまとまりで考えるべきもの、都道府県レベルで担当すべきもの、国として一定の均等性を保持すべきものなど、様々です。地域住民の意向は教育委員会に反映させ、学校運営協議会など学校ごとに設置される機関には、あくまで各学校の裁量に委ねられた事項に関して保護者の意見を反映させるのが妥当です。すなわち、住民の意思の反映は教育委員会が基本的な機関となるべきなのです。

参考資料

● 関連年表

一九四六（昭和二一）年二月七日　米国教育使節団に協力すべき日本側教育家の委員会発足
一九四六（昭和二一）年三月三〇日　第一次米国教育使節団報告書提出
一九四七（昭和二二）年三月三一日　教育基本法・学校教育法公布
一九四七（昭和二二）年九月一六日　警察制度改革に関するマッカーサー書簡
一九四七（昭和二二）年一二月八日　旧警察法成立
一九四八（昭和二三）年三月七日　旧警察法施行
一九四八（昭和二三）年四月二六日　教育刷新委員会第一七回建議「教育行政に関すること（一）」
一九四八（昭和二三）年七月五日　教育委員会法可決
一九四八（昭和二三）年七月一五日　教育委員会法公布
一九四八（昭和二三）年一〇月五日　第一回教育委員選挙
一九四八（昭和二三）年一一月一日　教育委員会発足
一九四九（昭和二四）年五月一九日　教育委員会法改正
一九四九（昭和二四）年五月三一日　教育職員免許法公布
一九五〇（昭和二五）年五月一〇日　教育委員会法改正
一九五〇（昭和二五）年九月二二日　第二次米国教育使節団報告書提出
一九五〇（昭和二五）年一一月一〇日　第二回教育委員選挙
一九五〇（昭和二五）年一二月二二日　地方行政調査委員会議「行政事務配分に関する第一次勧告」
一九五一（昭和二六）年八月一四日　政令改正諮問委員会「行政制度の改革に関する答申」
一九五一（昭和二六）年九月二二日　地方行政調査委員会議「行政事務再配分に関する第二次勧告」
一九五一（昭和二六）年一〇月三一日　教育委員会制度協議会答申
一九五一（昭和二六）年一一月一六日　政令改正諮問委員会「教育制度の改革に関する答申」
一九五二（昭和二七）年一〇月五日　第三回教育委員会選挙
一九五二（昭和二七）年七月二一日　全国町村会「教育委員会に関する意見」
一九五二（昭和二七）年一一月一日　市町村教育委員会全面設置
一九五二（昭和二七）年一一月一五日　全国町村会「教育委員会に関する要望」

一九五三（昭和二八）年七月二二日　全国町村会「教育委員会廃止に関する要望」
一九五三（昭和二八）年七月二五日　教育刷新審議会「義務教育に関する答申」
一九五三（昭和二八）年九月一日　町村合併促進法公布
一九五三（昭和二八）年一〇月一六日　第一次地方制度調査会答申「地方制度の改革に関する答申」
一九五四（昭和二九）年一月八日　全国知事会「教育行政制度に関する要望」
一九五四（昭和二九）年六月七日　新警察法成立
一九五四（昭和二九）年六月三日　教育職員免許法改正
一九五四（昭和二九）年一二月八日　全国町村長会「教育委員会廃止に関する要望」
一九五五（昭和三〇）年一一月二四日　全国地方教育委員会連絡協議会「要望書」
一九五五（昭和三〇）年一一月二九日　全国都道府県教育委員会委員協議会「教育委員会制度に対する基本的態度」
一九五六（昭和三一）年三月一九日　一〇大学長「文教政策の傾向に関する声明」
一九五六（昭和三一）年三月二八日　都道府県教育長協議会「教育委員会制度の改正についての要望」
一九五六（昭和三一）年三月二九日　教育関係一四団体「共同声明」
一九五六（昭和三一）年六月二日　地方教育行政の組織および運営に関する法律成立
一九五六（昭和三一）年一〇月一日　任命制教育委員会発足
一九七八（昭和五三）年一二月一五日　中野区議会「教育委員候補者選定に関する区民投票条例」可決
一九八一（昭和五六）年二月一二日　中野区、第一回教育委員候補者選び区民投票
一九八五（昭和六〇）年二月一三日　中野区、第二回教育委員候補者選び区民投票
一九八六（昭和六一）年四月二三日　臨時教育審議会「教育改革に関する第二次答申」
一九八九（平成元）年二月一日　中野区、第三回教育委員候補者選び区民投票
一九九三（平成五）年二月三日　中野区、第四回教育委員候補者選び区民投票
一九九四（平成六）年一月三一日　中野区議会、教育委員準公選条例の廃止条例を可決
一九九五（平成七）年五月一九日　地方分権推進法公布
一九九六（平成八）年一二月二〇日　地方分権推進委員会第一次勧告
一九九七（平成九）年七月八日　地方分権推進委員会第二次勧告
一九九七（平成九）年一〇月九日　地方分権推進委員会第四次勧告
一九九七（平成九）年一二月三日　行政改革会議「最終報告」

一九九八（平成一〇）年六月一二日　中央省庁等改革基本法公布
一九九八（平成一〇）年九月二一日　中央教育審議会「今後の地方教育行政のあり方について」答申
一九九八（平成一〇）年一一月一九日　地方分権推進委員会第五次勧告
一九九九（平成一一）年七月一六日　地方分権一括法公布
二〇〇〇（平成一二）年五月二六日　日本弁護士連合会「警察制度の抜本的改革を求める決議」
二〇〇〇（平成一二）年七月一三日　警察刷新会議「警察刷新に関する緊急提言」
二〇〇〇（平成一二）年八月　国家公安委員会・警察庁「警察改革要綱」
二〇〇〇（平成一二）年一二月六日　警察法改正
二〇〇〇（平成一二）年一二月二二日　教育改革国民会議報告
二〇〇一（平成一三）年六月一四日　地方分権推進委員会最終報告
二〇〇一（平成一三）年七月一一日　地方教育行政の組織及び運営に関する法律改正
二〇〇二（平成一四）年一〇月三〇日　地方分権改革推進会議「事務・事業の在り方に関する意見」
二〇〇三（平成一五）年六月六日　地方分権改革推進会議「三位一体の改革についての意見」
二〇〇四（平成一六）年五月二一日　地方分権改革推進会議「地方公共団体の行財政改革の推進等行政体制の整備についての意見」
二〇〇四（平成一六）年五月一九日　市町村合併三法成立
二〇〇四（平成一六）年六月九日　地方教育行政の組織及び運営に関する法律改正
二〇〇五（平成一七）年一二月九日　第二八次地方制度調査会「地方の自主性・自律制の拡大及び地方議会のあり方に関する答申」
二〇〇六（平成一八）年六月三〇日　全国市長会・全国町村会「教育委員会制度の選択制の導入に関する要望」
二〇〇六（平成一八）年一二月二二日　新教育基本法公布
二〇〇六（平成一八）年一二月二五日　地方分権改革推進法公布
二〇〇七（平成一九）年六月二七日　地方教育行政の組織及び運営に関する法律改正
二〇〇九（平成二一）年一〇月七日　地方分権改革推進委員会第三次勧告「自治立法権の拡大による『地方政府』の実現へ」
二〇一一（平成二三）年九月　大阪維新の会「教育基本条例案」公表
二〇一二（平成二四）年三月二三日　大阪府議会、教育行政基本条例、府立学校条例可決

二〇一二（平成二四）年五月二五日　大阪市議会、教育行政基本条例可決
二〇一二（平成二四）年七月二七日　大阪市議会、大阪市立学校活性化条例可決
二〇一三（平成二五）年四月一五日　教育再生実行会議「教育委員会制度等の在り方について」提言
二〇一三（平成二五）年四月二五日　文部科学大臣、「今後の地方教育行政の在り方について」中央教育審議会に諮問
二〇一三（平成二五）年一〇月一一日　中央教育審議会教育制度分科会「今後の地方教育行政の在り方について」審議経過報告

【参考文献】

中嶋哲彦『教育の自由と自治の破壊は許しません―大阪の「教育改革」を超え、どの子も排除しない教育をつくる』かもがわ出版、二〇一三年
三上昭彦『教育委員会制度論―歴史的動態と〈再生〉の展望』明治大学人文科学研究所叢書、エイデル研究所、二〇一三年
日本教育行政学会編『教育機会格差と教育行政―転換期の教育保障を展望する』福村出版、二〇一三年
日本教育行政学会編『教育政策形成プロセスの変容と教育行政』日本教育行政学会年報第三九号、教育開発研究所、二〇一三年
青木栄一『地方分権と教育行政―少人数学級編制の政策過程』勁草書房、二〇一三年
小松茂久『教育行政学―教育ガバナンスの未来図』昭和堂、二〇一三年
谷和樹・向山洋一『教育と行政とが連携するまちづくり―全国の教師たちが足を運んで実現した事例集』日本加除出版、二〇一三年
新藤宗幸『教育委員会―何が問題か』岩波新書、岩波書店、二〇一三年
市川昭午『大阪維新の会「教育基本条例案」何が問題か?』教育開発研究所、二〇一二年

教育科学研究会編『大阪「教育改革」が問う教育と民主主義』かもがわ出版、二〇一二年
田村秀『暴走する地方自治』ちくま新書、筑摩書房、二〇一二年
日本教育行政学会編『地方政治と教育行財政改革―転換期の変容をどう見るか』福村出版、二〇一二年
志水宏吉『検証大阪の教育改革』岩波ブックレット、岩波書店、二〇一二年
小川正人・勝野正章『教育行政と学校経営』放送大学教育振興会、二〇一二年
日本教育行政学会編『地方政治と教育行財政改革―転換期の変容をどう見るか』福村出版、二〇一二年
浦田一郎・白藤博行編著『橋下ポピュリズムと民主主義』自治体研究社、二〇一二年
樋口修資『教育委員会制度変容過程の政治力学―戦後初期教育委員会制度史の研究』明星大学出版部、二〇一一年
村上祐介『教育行政の政治学―教育委員会制度の改革と実態に関する実証的研究』木鐸社、二〇一一年
池田知隆『どうなる！大阪の教育』フォーラムA、二〇一一年
河村茂雄『教育委員会の挑戦―「未然防止への転換」と「組織で動ける学校づくり」』図書文化社、二〇一一年
土肥信雄『それは、密告からはじまった―校長 vs 東京都教育委員会』七つ森書館、二〇一一年
有馬晋作『劇場型首長の戦略と功罪』ミネルヴァ書房、二〇一一年
牛渡淳編著『初めて学ぶ教育の制度・行政・経営論』金港堂、二〇一一年

渡部蓊『概説教育法規・教育行政』協同出版、二〇一一年
小川正人『教育改革のゆくえ―国から地方へ』ちくま新書、筑摩書房、二〇一〇年
堀和郎・柳林信彦『教育委員会制度再生の条件―運用実態の実証的分析に基づいて』筑波大学出版会、二〇〇九年
日本教育行政学会研究推進委員会編『学校と大学のガバナンス改革』教育開発研究所、二〇〇九年
若月秀夫・吉村潔・藤森克彦『品川区の「教育改革」何がどう変わったか―教育委員会はここまでできる』明治図書、二〇〇八年
河野和清編著『現代教育の制度と行政』福村出版、二〇〇八年
日渡円『教育分権のすすめ―学校の組織改革と教職員の意識改革』学事出版、二〇〇八年
日本教育行政学会編『教育委員会「存続」の意義を問い直す』日本教育行政学会年報三二号、教育開発研究所、二〇〇六年
小川正人『市町村の教育改革が学校を変える―教育委員会制度の可能性』岩波書店、二〇〇六年
佐々木幸寿『市町村教育長の専門性に関する研究』風間書房、二〇〇六年
苅谷剛彦『教育改革を評価する―山市教育委員会の挑戦』岩波ブックレット、岩波書店、二〇〇六年
渡部昭男・金山康博・小川正人編・志木教育政策研究会著『市民と創る教育改革―検証志木市の教育政策』日本標準、二〇〇六年

穂坂邦夫『教育委員会廃止論』弘文堂、二〇〇五年
本多正人編著『教育委員会制度再編の政治と行政』多賀出版、二〇〇三年
日本弁護士連合会編『だいじょうぶ?・日本の警察』日本評論社、二〇〇三年
篠原一編著『警察オンブズマン』信山社、二〇〇一年

We must not allow education to be influenced by politics. We must teach our children what is correct and what is true. Truth is not something determined by a majority vote. When the education offered in schools is distorted by political reasoning, our children are denied the opportunity to acquire correct information, diverse perspectives, and the ability to make decisions rationally.

The neutrality of education is a fundamental principle of public school systems in the modern era. In order to assure this neutrality, postwar Japan established the system incorporating Boards of Education. However, the mere existence of these boards is not sufficient to guarantee the neutrality of the education offered. That being said, the current proposals to abolish Boards of Education threaten to entirely destroy the neutrality of education. The challenges faced by Boards of Education will not be solved by abolishing them, but rather by improving them. How they might best be improved is the point we need to consider carefully.

This volume begins by examining the necessity of Boards of Education through a consideration of the essence of education and its relationship to the governmental administration of school systems. The study then proceeds to reference Public Safety Commissions as it explores how Boards of Education are best structured and positioned to guarantee both that the educational administrations remain independent of politics and that education itself is not politicized.

Introduction

Boards of Education are at risk.

What, exactly, is a "Board of Education"? Who selects the members, and how does that process work? We hear not only about the chair of a Board of Education, but also about the superintendent of education. How do these posts differ? The current volume explains both the nature of the Board of Education and the position of the superintendent, the post that executes the real work of the Board.

A Board of Education is a governmental administrative organization much like the Board of Labor Relations, the Committee for Election Registration, the Public Works Appropriations Commission, the Public Safety Commission, and the Fair Trade Commission. Of these, a Board of Education has the most in common with the Public Safety Commission, which oversees the workings of the police forces throughout all the prefectures and municipalities in Japan. Because of the similarities, this volume references the Public Safety Commission in its discussion of the Board of Education in order to better explicate its functions and significance.

The Board of Education appeared for the first time in the postwar period, and its members were elected. Such elections took place in all the various prefectures, cities, towns and villages throughout Japan in 1948, 1950, and 1952. In 1956, however, the laws governing the national education system underwent extensive revisions that eliminated the election of the members of a Board of Education by residents, instituting instead a system whereby the Board was appointed by leaders (governors, mayors, village heads) with the approval of their assemblies. Public Safety Commissions also emerged in the postwar period, and right from the outset their members were appointed rather than elected. Although its members are appointed, these commissions have the responsibility to ensure the political neutrality and autonomy of the police forces.

Why is it that Boards of Education are necessary?

小社主催・文化講演会開催2009〜2013

第１回　演題　**『図書館に訊け！と訴える』**
講師　井上真琴（大学コンソーシアム京都副事務局長）
2009年11月７日開催

第２回　演題　**『詩人西脇順三郎を語る』**
講師　澤　正宏（福島大学教授／近現代文学）
2010年５月８日開催

第３回　演題　**『江戸時代を考える―鎖国と農業』**
講師　矢嶋道文（関東学院大学教授／比較文化史）
2010年11月20日開催

第４回　演題　**『移動・文化的接触：雑誌「平和」をつくる人びと―日本・アメリカ・イギリスとの交流―』**
講師　坂口満宏（京都女子大学教授／文化史）
2011年５月28日開催

第５回　演題　**『日米の架け橋―シカゴ流よもやま話』**
講師　奥泉栄三郎（シカゴ大学図書館日本研究上席司書）
2011年11月12日開催

第６回　演題　**『今 原発を考える―フクシマからの発言』**
講師　安田純治（弁護士）・澤　正宏（福島大学教授）
2012年６月16日開催

第７回　演題　**『危機に立つ教育委員会』**
講師　高橋寛人（横浜市立大学教授／教育行政学）
2012年12月８日開催

第８回　演題　**『慰安婦問題』**
講師　林　博史（関東学院大学教授／政治学）
2013年７月13日開催

（敬称略。講師肩書きは講演会開催当時のものです）

小社では年２回、講師を招き文化講演会を開催しております。ご案内希望の方はメールにてお問い合わせ下さい。
（e-mail:crocul99@sound.ocn.ne.jp）

クロスカルチャー出版
〒101-0064　東京都千代田区猿楽町2-7-6-201
TEL03-5577-6707　FAX03-5577-6708
e-mail:crocul99@sound.ocn.ne.jp

＊呈内容見本

高橋寛人（たかはし　ひろと）

1957年生まれ。横浜市立大学教授、博士（教育学）。東北大学教育学部卒業、同大学院教育学研究科退学。

著書・編著書

著書『戦後教育改革と指導主事制度』風間書房、1995年
編集・解説『占領期教育指導者講習基本資料集成』すずさわ書店、1999年
編著『公設民営大学設立事情』東信堂、2004年
著書『20世紀日本の公立大学』日本図書センター、2009年
共編著『居場所づくりの原動力―子ども・若者と生きる、つくる、考える』松籟社、2011年

危機に立つ教育委員会

教育の本質と公安委員会との比較から教育委員会を考える　　CPC リブレ NO.2

2013年12月10日　第1刷発行

著　者　高橋寛人
発行者　川角功成
発行所　有限会社　クロスカルチャー出版
〒101-0064　東京都千代田区猿楽町 2-7-6
電話 03-5577-6707　　FAX 03-5577-6708
http://www.crosscul.com
表紙デザイン　小田啓介
印刷・製本　石川特殊特急製本株式会社

ISBN 978-4-905388-71-5 C0037 Printed in Japan